好书精读 Master 15′

商业新闻出版公司和轻松读文化事业有限公司提供内容支持

打造核心竞争力

轻松读大师项目部　编

中国盲文出版社

图书在版编目（CIP）数据

打造核心竞争力：大字版/轻松读大师项目部编 .—北京：中国盲文出版社，2017. 11

ISBN 978－7－5002－7952－5

Ⅰ. ①打…　Ⅱ. ①轻…　Ⅲ. ①企业管理
Ⅳ. ①F270

中国版本图书馆 CIP 数据核字（2017）第 147099 号

本书由轻松读文化事业有限公司授权出版

打造核心竞争力

编　　者：轻松读大师项目部
出版发行：中国盲文出版社
社　　址：北京市西城区太平街甲 6 号
邮政编码：100050
印　　刷：北京新华印刷有限公司
经　　销：新华书店
开　　本：787×1092　1/16
字　　数：89 千字
印　　张：14. 75
版　　次：2017 年 11 月第 1 版　2017 年 11 月第 1 次印刷
书　　号：ISBN 978－7－5002－7952－5/F・167
定　　价：49. 00 元
销售热线：（010）83190289　83190292　83190297

出版前言

数字文明为我们求知问道、拓展格局带来空前便利，同时也使我们深受信息过剩、知识爆炸的困扰。面对海量信息，闭目塞听、望洋兴叹固非良策，不分主次、照单全收更无可能。时代快速变化，竞争不断升级，要想克服本领恐慌，防止无知而盲、少知而迷，需尽可能将主流社会的最新智力成果内化于心、外化于行，如此才能更好地顺应时代，提高成功概率。为使读者精准快速地把握分散在万千书卷中的新理念、新策略、新创意、新方法，我们组织编写了这套《好书精读丛书》。

这套书旨在帮助读者提高阅读质量和效率。我们依托海内外相关知识服务机构十多年的持续积累，博观约取，从经济管理、创业创新、投资理财、营销创意、人际沟通、名企分析等方面选取数百种与时俱进又经世致用的好书分类整合，凝练出版。它们或传播现代经管新知，或讲授实用营销技巧，或聚焦创新创业，或分析成功者要素组合，真知云集，灼见荟萃。期待这些凝聚着当代经济社会管理创新创意亮点的好书，能为提升您的学识见解和能力建设提供优质有效便捷的阅读资源。

聚焦对最新知识的深度加工和闪光点提炼是这套书的突出特点。每本书集中解读4种主题相关的代表性好书，以“要点整理”“5分钟摘要”“主题看板”“关键词解读”“轻松读大师”等栏目精炼呈现各书核心观点，崇真尚实，化繁为简，您可利用各种碎片化时间在赏心悦目中取其精髓。常读常新，明辨笃行，您一定会悟得更深更透，做得更好更快。

好书不厌百回读，熟读深思子自知。作为精准知识服务的一次尝试，我们期待能帮您开启高效率的阅读。让我们一起成长和超越！

目 录

压倒性竞争优势，就是指企业与众不同之处，简单来说，就是让竞争对手抱怨不公平的优势。纳斯汉认为，市场上从不缺好的创意，重点是要怎么把好点子转化成资金，而关键就在于怎么创造压倒性竞争优势。创业者必须思考，自己的企业有什么独特的优势是可以做得比别人好，而且能远远超过市场上其他竞争者的。压倒性竞争优势不仅是企业的核心价值，也是企业建立品牌的营销根基。

在信息时代，企业决胜的关键在于速度，能比竞争者更快速地因时制宜、随机应变就成了制胜的关键。本章作者维微克·拉纳戴夫及凯文·曼尼以加拿大冰上曲棍球传奇人物韦恩·葛瑞斯基为引子，说明卓越的反应速度如何创造出技压群雄的“两秒优势力”，而“预测科技”就是企业争取“两秒优势力”的最佳利器。

通过对产品的使用界面和功能进行互动设计，让产品和使用者之间建立良好的互动关系，并且因此有效达到使用者的目标，这就是互动设计的目的。从使用者的角度来说，互动设计是一种如何让产品易用、有效且让人愉悦的技术。良好的人机界面设计可以激发消费者的购买欲望与对产品的忠诚度。

巴菲特给人的印象，通常都是股神和首富，其实，巴菲特在经营管理上，也绝对称得上大师级的人物。巴菲特所掌管的伯克希尔·哈撒韦控股公司，旗下拥有77家企业、员工数近30万名，能管理为数如此众多、体系如此庞大的事业群，足见巴菲特在经营事业上，有他独到的看法和深厚的功力。

如何打造压倒性优势

The Power of Unfair Advantage

How to Create It, Build It, and Use It
to Maximum Effect

原著作者简介

约翰·纳斯汉（John L. Nesheim），纳斯汉集团顾问公司的创办人及首席执行官，全球最知名的创业家之一，曾经协助 300 多家公司筹募 20 亿美元以上的资金。除了在美国康奈尔大学及新加坡大学教授创业知识，他也在许多国家举办创业研讨会，同时也是《非常竞争优势》一书的作者。

本文编译：黄麒芬

主要内容

关键词解读

压倒性竞争优势

“压倒性竞争优势”一词，是本章作者纳斯汉在第一本著作《非常竞争优势》中提出的。压倒性竞争优势，就是指企业与众不同之处，简单来说，就是让竞争对手抱怨不公平的优势。纳斯汉认为，市场上从不缺好的创意，重点是要怎么把好点子转化成资金，而关键就在于怎么创造压倒性竞争优势。创业者必须思考，自己的企业有什么独特的优势是可以做得比别人好，而且能远远超过市场上其他竞争者的。压倒性竞争优势不仅是企业的核心价值，也是企业建立品牌的营销根基。

松下电器在2004年度的经营方针宣讲会上，宣布设置“21世纪共同合作委员会”。这个委员会以“顾客观点”和“压倒性竞争优势”为基准，希望借此实现全球第一的目标。而台湾的制造业为了突破以价格和接单量取胜的困境，也找出“把 3C 集合成 1C”的途径，把 3C 资讯产品尽量集成到只剩下消费性电子产品，例如可以遥控电视、空调的 PDA，以及可以收发 E－mail 的多功能数码复合一体机等，希望能在原有的基础上，创造新的台湾产业压倒性竞争优势。

5分钟摘要

企业或个人拥有压倒性优势，就没有所谓的“公平竞争”

如果一家公司具备压倒性竞争优势，就无须与其他竞争者在同一个基准点上竞争，就能稳操胜券，成功机会大增。压倒性竞争优势是商场上神奇的“万灵丹”或“秘方”，创业者为了创造这个优势而存在、创投金主为了搜寻这样的优势而遍访全球、顶尖员工被此深深吸引、媒体喜欢报导这种优势、投资人为了取得部分压倒性竞争优势而付出大把钞票。

其实，每个人和每个企业组织都需要有压倒性竞争优势，才能在这个竞争激烈的世界中胜出。压倒性竞争优势是商场上人人争夺的“圣杯”，是驱动新创企业成长并成为世界级企业的动力。

关键思维

似乎每个人都想或设法拥有一家像样的新创企业。国家想借助新企业来创造就业机会，企业想迅速成长而寻求创业热忱，学校打算教授与新创企业相关的课程来吸引最好的学生。我们每天都不断读到、听到许许多多创业的故事。这个潮流中的关键问题是：如何使创业从一个随机赛局转变成一个可以掌握的赛局。

——约翰·纳斯汉

商业潮流来来去去，但是压倒性竞争优势永远存在，从前如此，未来也将如此。学习压倒性竞争优势的最佳方法是观察新创企业，优秀的创业者发现了这个秘密，知道如何创造、发展及运用压倒性竞争优势，以获得最大成效。希望领先群伦的组织会利用精选的要素来打造压倒性竞争优势，并且像用砖块盖房子一样，能让这种优势一天比一天更坚固。他们重视一句格言：唯一不变的是变化本身。这就是他们成功的方法。当你打造压倒性竞争优势时，不论是在哪个领域，我都祝福你获得最大的成功。

——约翰·纳斯汉

一　什么是企业的压倒性竞争优势

压倒性竞争优势是一种独一无二、前后一致的差异性，可以让企业长时期给顾客提供比其他产品高的价值。企业可以运用压倒性竞争优势成为全新市场的领导者。

压倒性竞争优势最棒的地方是，竞争对手很难复制这种优势。和其他竞争者相比，当你以一种非常独特的方法给顾客提供高价值时，你便创造了持久、可扩充、会随着时间而演变成长的压倒性竞争优势。成功运用压倒性竞争优势的公司，就拥有创造世界级品牌的潜力。

有 10 种基本资源可以帮助不同的公司发展出自己的压倒性竞争优势：

（1）比别人更了解顾客以及他们真正的需求——你就能够创造出明显不同于而且优于竞争

对手的产品，因为你的产品更能符合顾客的需求。

（2）对业界人员的情况了如指掌——并且有一套战略，知道如何在市场上胜过他们。

（3）更充裕的资本——有充足的资金允许公司做完全超出现有规模的事，或者有聪明的投资合伙人，这些人常常以市场赢家著称。

（4）有阵容强大的策略伙伴——这些伙伴知道如何进行作业、有渠道取得有用的关键技术，或者有长期支援赢家的经历。

（5）有精明的经营策略——能够准确预测哪种策略对顾客最好，同时削弱竞争对手可以选择运用的策略范围。

（6）取得重大进展——你在某个领域的起跑点领先所有人，享有可以利用的先占者优势，或者享有“网络效应”（使用者愈多，产品效益愈高），好让企业早一步进入市场，建立有利的规模经济。

（7）建立适当的企业文化——可以让你吸引

适当的人才，因为你提供了绝佳的工作环境。

（8）有能力提供优厚的薪资福利——可以让你更有能力网罗、留任优秀的员工。

（9）拥有卓越的经营团队——团队人员具备业界独一无二的经验、有辉煌成功的纪录或世界级管理能力。

（10）有迅速行动的组织能力——让你可以利用新的市场契机，并且有效应付时而出现的突发状况。

注意，这个清单并没有囊括所有方法，还有许多其他要素也能够造就压倒性竞争优势。重点是，所有不同的要素要相互配合并且彼此强化。你的压倒性竞争优势必须能够自然成长——必须能够随着市场变化而与时俱进、演变成长。

压倒性竞争优势也有不同层次的力量。微弱的压倒性竞争优势可能影响力有限，力量强大的压倒性竞争优势如果运用得当，就能够成长，并且最终成为长期称霸市场的基础。从某个角度来看，拥有压倒性竞争优势是一项挑战，而找出持续利用压倒性竞争优势的方法，则是另一个全然不同的挑战。

关键思维

我们可以将压倒性竞争优势想象成一颗钻石。最初它是一块粗糙、丑陋、肮脏的石头，深藏在地表下非常难触及，甚至危险的地方。被挖掘出来之后，钻石商检视这块裸石，判断如何能将石头变成美丽的宝石。他们的计划是用特殊的方式将石头切割及抛光，直到它绽放出可以吸引每个人目光的明亮光芒。专家知道每一颗钻石都是独一无二的，而且有特殊的方法将钻石隐藏的最大价值呈现出来。这也是挖掘压倒性竞争优势的方法，从发现、挖掘、设计到抛光，有一套特殊程序。学会这个程序后，就可以像发现钻石一样，成为世界级的压倒性竞争优势的“采矿人”。

——约翰·纳斯汉

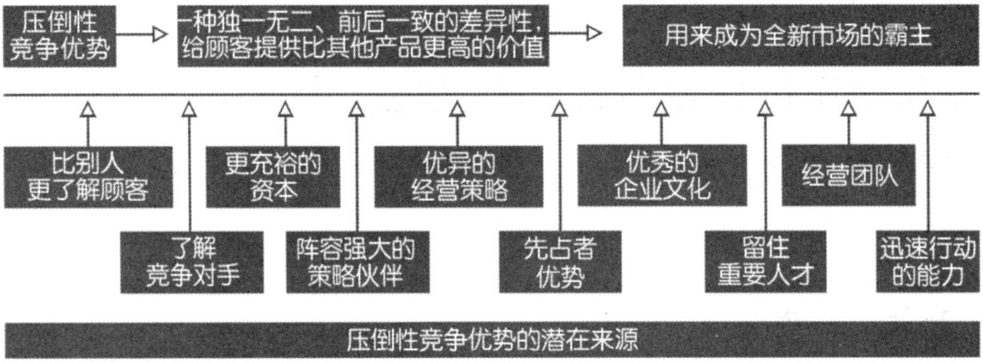
压倒性竞争优势
一种独一无二、前后一致的差异性，给顾客提供比其他产品更高的价值
用来成为全新市场的霸主
比别人更了解顾客
了解竞争对手
更充裕的资本
阵容强大的策略伙伴
优异的经营策略
先占者优势
优秀的企业文化
留住重要人才
经营团队
迅速行动的能力
压倒性竞争优势的潜在来源

二　如何创造并组合压倒性竞争优势

事业计划必须能说出你公司的压倒性竞争优势，详述你如何创造出压倒性竞争优势以及打算如何运用这个优势成为新市场的霸主。如果你能够清楚又有说服力地表达你的压倒性竞争优势，潜在的投资人一定会产生兴趣。关键在于你的压倒性竞争优势。

在建构事业计划时，要牢记，投资人阅读你的事业计划时通常会寻找以下 5 个关键要素，以判断你是否拥有值得投资的压倒性竞争优势：

（1）有执行能力的经营团队——拥有适当的经验和专业能力，可以经营一家成功的新创公司并且让公司成长。

（2）有一个庞大、开放及不断扩张的市场——这个市场并不拥挤，也没有任何大公司称霸。

（3）有可以真正商业化的崭新点子——以一项已经获得肯定的技术为基础，而这项技术可以视为该领域的一大突破。

（4）给初期投资人提供良好的退场策略——通常意味着给投资人提供多重渠道，使他们可以结算退场。

（5）有清晰、可辨识的压倒性竞争优势——能够扮演统合的角色，将事业计划各个部分结合起来。

因此，事业计划必须特别强调你的压倒性竞争优势，把压倒性竞争优势融入计划书的每一页内容中。事业计划必须提出合理的根据，证明你的公司可以在市场上胜出。这样的工作光凭几天的努力是不够的，建构优秀的事业计划是项艰辛的工作，花费的时间会超乎你的想象。

事业计划必须包含的主要项目是：

事业计划

1. 执行摘要
2. 顾客需求与商机
3. 策略
4. 营销
5. 销售
6. 业务开发
7. 策略伙伴
8. 顾客支援
9. 营运操作
10. 工程与科技
11. 法律及知识产权财产
12. 制造、外包及互联网
13. 资讯服务
14. 管理及主要人事
15. 设施与行政
16. 财务计划
17. 估价与所有权
18. 附件

1. **执行摘要**

这个部分必须能引起投资人的好奇，使他们有兴趣继续阅读事业计划的其他部分。企业通常以一连串简短的段落来达成这个目的，每个段落概述压倒性竞争优势的一个强项。整体而言，执行摘要必须让投资人有兴趣了解更多资讯。

2. **顾客需求与商机**

你要告诉投资人为什么潜在顾客会想买你的产品或服务，然后证明这个需求会如何创造出诱人的商机，而这个商机就是你想投入的。在这个段落中，要叙述你看出了别人没有注意到的问题或机会，而且设计出解决这个问题的适当产品或服务。列举真实的顾客例子，可以证实你的推论是正确的。

3. **策略**

列出你的策略思考，详述你将如何开发新市场，并且胜过竞争对手，抢占市场利基中最大的一块市场。一定要说明的是，你将会把所有努力及资源有效率地投注在你所挑选的市场区块，不会采取乱枪打鸟的方式。说明策略时应该集中火力。

你的营运策略应该这样表述：

◎你打算主宰的新市场区块。

◎这个市场区块的竞争现状。

◎你将采取何种不同的做法，以便在该区块抢占一席之地。

◎如何捍卫你的地位。

◎设定主要里程碑的时间表。

◎你打算如何因应竞争对手的行动。

4. 营销

勾勒你计划如何为产品或服务创造顾客。营销是所有公司展现竞争力的重点，对新创公司来说更是如此。理想上，你希望公司的名称成为你想打入的新市场区块的代名词。因此很重要的一点是，你必须先把重心放在某个市场区块，然后再逐步扩展营销范围。选择你的理想顾客，描述你将如何接触他们，然后说明后续的销售策略。附带一份营销日历也很有用，上面要标注重要活动和日期。

你的营销计划必须包含你对下列议题的想法和规划：

◎如何制定品牌、区隔你所提供的产品或服务。

◎在市场中偏好的定位。

◎如何定位你的竞争对手。

◎你的价值主张。

◎试销方案的结果。

◎你的公关策略。

◎如何运用广告来创造知名度。

◎预估的目标市场的规模数据。

◎预期的市场占有率。

◎任何可供分析的市场模型。

◎你的营销宣传预算。

◎联盟营销或其他的营销方案。

◎将来如何提升营销的质与量。

5. 销售

销售可以将潜在顾客转变成实际付钱的顾客。即使你的产品较差，采用高超的销售技巧以及适当的销售渠道，还是能推动公司朝市场龙头地位迈进。在你的事业计划中，你必须详述你将如何建构一个具备足够实力的销售组织，来达成财务和业务目标。部分工作可能外包给策略伙伴，而且你最好善用科技来提高销售业务的效率。在这个项目中，你必须明确说明销售功能以及工作分配。

6. 业务开发

业务开发牵涉与早期顾客、重要供应商以及掌握重要销售渠道的策略伙伴交涉重要的交易。这需要融合销售技巧、技术知识、运作经验、策略思考和法律知识。在这个项目中，你必须详述谁将负责这个角色以及整体战略。在重要交易已经签约并且善加利用的情况下，计划周详的业务开发方案将会为新创公司增添不少可信度。

7. 策略伙伴

找对策略伙伴，不但可以为新创公司助一臂之力，也会提高新创公司生存与成长的可能性，让大家不必怀疑这家公司能够长期经营。在这个项目中，你应该详述你的营运模式——说明谁负责提供什么资源以及营收如何分配。最好使用一些简单的图表帮助大家了解各种不同的关系：

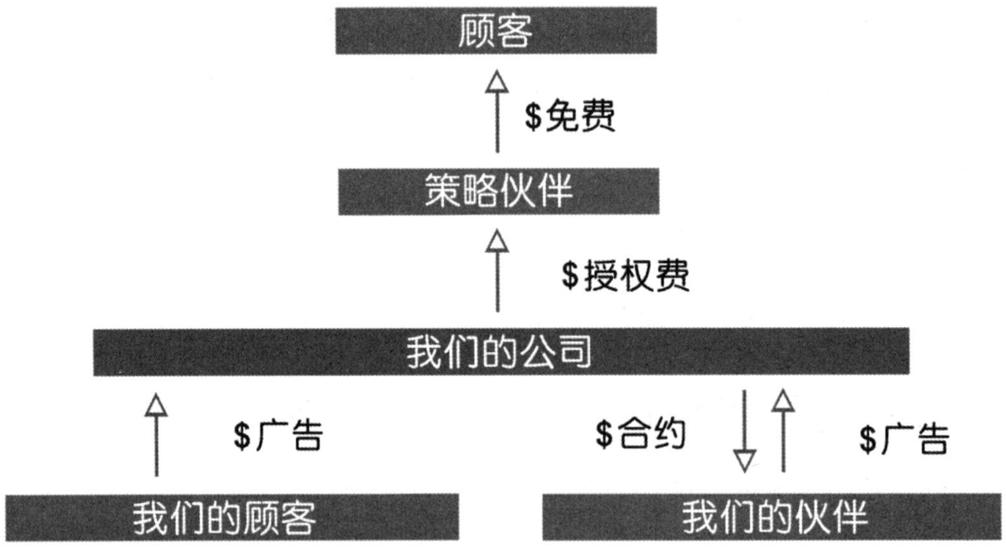

除非你拥有强大的竞争优势，否则提出颠覆传统的全新营运模式通常不是明智之举。最重要

的是，你应该利用事业计划的这个项目来说明，你如何建立与扩展你的压倒性竞争优势。你应该证明，你已经仔细规划，并且经审慎考虑后，与能够加强压倒性竞争优势的策略伙伴结盟。你对伙伴的选择，充分说明了你公司的可信度以及你与第三者合作的能力。对潜在投资人以及其他阅读事业计划的人而言，这些因素都很值得注意。

8. 顾客支援

提供卓越的顾客服务，常常是压倒性竞争优势的基石。在这个项目中，你必须详述自己将如何运用顾客支援来提升压倒性竞争优势。这也是绝佳的区隔利器，可以用来区隔自己与市场上其他经营稳健的公司。如果你能在产业中提供最好的顾客支援，这便能成为你的竞争优势。

9. 营运操作

在这个项目中，详述你将如何经营事业。在事业计划中不应该叙述日常作业的细节，这应该是策略性的文件，而不是实地操作的执行计划。

你应该简要说明大方向，让大家相信执行方面已经经过审慎构思和架构。

10. 工程与科技

同样，这个项目的重点不是谈论酷炫科技本身，而是要说明你计划如何利用科技来增加公司的压倒性竞争优势。你必须证明你了解尖端科技的重要性，但是你也了解科技得有效应用才能创造价值。如果被形容是一项“等着问题出现的科技”，无疑是新创公司的丧钟。金主只想知道你想替顾客解决真实世界里哪些问题，你如何应用科技来解决这些问题，以及你是否有足够的基础建设可以让事情顺利进行。详细说明技术进展里程碑，谈谈你的工程人员并详细说明技术团队的工作方式。

11. 法律及知识产权资产

你可以把珍贵的知识产权资产（专利、商标、著作权）、合约协议和卓越律师结合起来，进一步提高你的压倒性竞争优势。在事业计划的这个项目中，你要展现自己拥有众多“武器”可供运用。在操作上，知识产权资产可以充当营销部门炫耀的武器。如果你拥有几项专利或正在申请专利，这会让公司显得更有分量，即使这些专利最后没有通过，或者在法律上站不住脚。在谈判上，知识产权资产可以用于建立交互授权合约，同样，商标和著作权也可能很有价值，能帮你进一步强化压倒性竞争优势。如果你与顾客及供应商的合约谈判获得有利条件，也能提高压倒性竞争优势；和有生意头脑且对你的生意了如指掌的律师建立稳固关系也一样。这些因素都能提高你的压倒性竞争优势，你必须在事业计划中对其详细描述。希望你永远无须使用法律途径来保卫你的知识产权，因为这可能要耗费多年时间以及庞大资金才能得到结果，但是如果你能够展现自己对这种最坏的情况已经做好准备，投资人就会觉得比较安心。没有任何投资人想资助诉讼费。珍贵的知识产权资产并不保证一定会成功，但常常是商场成功故事的一部分。

12. 制造、外包及互联网

在现今商业时代，大家都应该专注于自己擅长的领域，把其他事务交由专家处理，这样的努力才是值得的。几乎所有事情都可以外包，所以在你的事业计划中，你必须详细说明哪些工作要由公司内部执行，哪些工作要外包出去以及外包给谁。关于制造，你必须详述你计划如何生产产品、怎么安排流程和需要多少成本。大家都知道互联网是重要的商业工具，你必须在事业计划中描述你将如何运用这项资源。你也必须说明对外包伙伴的合约承诺，解释这些安排将会如何强化你的压倒性竞争优势。你必须在这个部分展现出自己已经事先做好准备。

13. 资讯服务

现在资讯服务已经成为大多数新公司营运模式的重要部分。如果运用得当，提供资讯服务可以大幅增强你的压倒性竞争优势。你必须在事业计划中明确说明，你将如何运用资讯服务、网站以及其他沟通工具来帮助顾客处理更多问题。你也必须提供对负责这项业务相关人员的背景介绍，资讯服务有多少预算以及在组织里担任什么角色。你必须展现出，你规划的各项作业并没有忘记要集中资源关注主要的顾客群。

14. 管理及主要人事

几乎每一家创投公司都以这句话为座右铭："我们投资的是人。"在这个项目中，你必须提供整个经营团队的资料。在投资人眼里，这很可能是营运计划最重要的部分，因此务必确保资料都齐全了，并能够说出很精彩的故事。你需要一套管理哲学——描述你如何长期管理、激励和培植人员。投资人想知道为什么他们应该投资给你，所以你要先回答这个问题。描述你自己的压倒性竞争优势，然后再一一介绍核心经营团队其他成员的角色和专长。理想上，你一定希望自己组成了一支梦幻团队，而不是找了一群浪费时间的人。要加进公司组织图，说明你的聘雇制度以及未来计划如何吸引世界级人才。谈谈你提供的薪资福利，以及这项条件如何增强你的压倒性竞争优势。要让你的绩效奖励办法有创意又吸引人，并且详细说明细节。计划一下你如何打造优质的企业文化，并将之纳入事业计划的一部分。说明你会如何让员工在工作之余有足够的休闲活动，从而确保他们会长期为公司服务，而不是把他们榨干后再换人。也许乍看之下这似乎不重要，但是你的企业文化和工作环境会深深影响你所吸引和留住的人才的素质。同样，你应该将这项要素融入你的压倒性竞争优势，让其他方面因为有这些最佳人才的参与而得以强化。

15. 设施与行政

工作场所的设备可以增强或削弱你的压倒性竞争优势。如果你坚持在营造员工舒适工作环境上能省则省，那你这个算盘就打错了。但如果你认为应该给员工提供优质的办公设备、营造愉悦的环境，让他们能有最好的表现，那么就在事业计划中详细说明。这是增强压倒性竞争优势的基本方法，但是很少人记得在事业计划中特别详述这一点。

16. 财务计划

传统上，这是大多数事业计划的中心项目。如果你有漂亮的数字可以告诉投资人及未来员工，这个项目就很容易完成。要诀是以能增强压倒性竞争优势的方式来呈现数据，实际做法是，你必须让阅读计划书的人容易找到下列5大问题的答案：

◎5年后你的销售额将有多大？

◎头5年中，每年员工人数为多少？

◎哪一年会达到损益平衡？

◎哪一年会开始赚钱？

◎每年需要多少资本才能成长？

不要担心在财务计划中使用确切的数字。经验丰富的投资人知道这中间有太多不确定性，所以，你应该将营运模式量化，将销售得来的每一块钱拆解成好几部分，显示有多少钱会用在营运支出上、扣除后会剩下多少钱。你要使用数字来说明压倒性竞争优势的影响力以及后续的利润效益。尽量提供各项细节，因为你将会被要求以统计数字来说明你的计划，尤其是如果你预期的利润高于产业的一般水准，或是比预期更早产生利润。要记得，新创公司主要是以销售成长和人员效率来创造价值，因此必须清楚且彻底地说明这些评量方式。

17. 估价与所有权

正确评估公司的价值，能够增强你的压倒性竞争优势。如果估价太低，看起来会像小型作坊式生意，无法吸引投资人的兴趣。相反，如果估价太高，别人会认为你太过天真、不值得合作。同样，如果你在初期募资时对公司估价错误，就很难或不可能提供足够的股票来吸引后续的融资。所以该如何评估公司价值呢？首先，找出同类型公司，参考这些公司的估价方式以及他们的资本结构，然后你可以跟在这个领域很有经验的人讨论，参考他们的想法。头 5 年发行股票选择权时要非常谨慎，因为如果稍不谨慎，这就可能成为日后的困扰。为公司头 5 年订下一套估价方法，然后分配适当比例给所有利益关系人——投资人、员工、创始人等。最重要的是，不要把估价看成是要让你自己吃肉、其他人喝汤。这不是零和博弈。你的分配必须合理，让每个人都可能因为加入你的公司而致富。放心，假如你经营成功，你一定会有足够的财富和大家分享，所以别贪心。

三　如何运用压倒性竞争优势

利用精选的要素创造出压倒性竞争优势之后，接下来的焦点就变成称霸你所创造的新市场。换句话说，你并不是要靠运气才能成功，而是创造了一场可掌控的赛局，让你的公司自然胜出。你成功驾驭消费者不断变化的口味来创造出自己的赛局，在此赛局中你主导了市场的变化，不被市场变化牵着鼻子走。

要聪明地发展及运用组织的压倒性竞争优势，有下列几件事是你可以做也应该做的：

1. 发展自己的故事

伟大的企业背后总会有有趣的故事。现在你已经花了时间撰写事业计划，心里应该很清楚你的组织有哪些不同之处，足以催生世界级的点子。要准备好两种不同版本的故事来描述你的公司：

（1）“电梯推销”版本——以30秒或更短的时间说明公司的压倒性竞争优势。这很难做到，但是这个版本如果处理好，就会大有效果。你的陈述要简明扼要，才能激发听众的好奇心并且制造惊叹的反应。在这种情况下，短即是美，因为这个版本不仅去芜存菁，还能制造瞬时效应。

（2）完整版本——以具体的市场调研以及深思熟虑的事业计划作为故事的依据。这个版本必须经得起潜在投资人的审慎检视。最重要的是，你必须彻底证明你已经花了时间和精力做好每一件事才成立新公司，而不是毫无计划地进行。

如果你的故事很精彩，他们很快就会对你的事业产生热情。花些时间好好构思故事，这是辛苦的工作，但是一旦完成，你的百宝箱中就会有非常珍贵的宝物。每次都能引起别人惊叹反应的故事，是无可取代的商业资产。

2. 跃上新科技的突破性浪潮

要妥善运用组织的压倒性竞争优势，你必须跃上市场上因突破性科技而产生的浪潮。这些浪潮通常依循由盛而衰的变化周期，如下图所示：

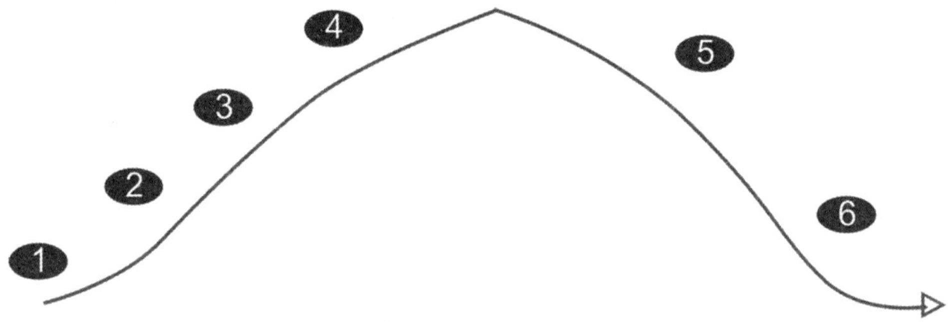

（1）市场上发生某种扰乱市场惯性的突破性进展。通常是推出了一项新产品，产品中运用了新一代的科技。

（2）当先头的创业者加入、新创公司募得资金，总是会营造兴奋的气氛。媒体此时开始把这项新科技吹捧成下一波大热门。

（3）投资人一窝蜂争相投资这个领域的新公司，交易过热。大批跟随者挤进这个市场投资，都想要分一杯羹。

（4）投资人争先恐后投资，形成一种狂热的氛围。人人都想参与盛会，突然间，每个人都声称自己是这个领域的专家。

（5）现实轰然降临。实际财务状况浮现，新创公司开始崩盘。竞争加剧，市场龙头更加壮大，输家关门大吉、黯然退出。

（6）投资人反应急转直下。胜利的市场龙头已经站稳脚跟，创投业者开始寻找下一个值得投资的大热门。

认真的创业者会精确知道目前市场处于哪一个阶段，并运用这个知识来发挥自己的压倒性竞争优势，例如下列不同阶段的不同优势：

（1）阶段 1，科技最能吸引投资人的兴趣。因此你的事业计划应该强调所采用的科技。

（2）阶段 2，需要有经验丰富且对市场透彻了解的经营团队。因此你的事业计划应该强调你们找到了一个庞大的新市场，并显示你已经部署适当的人员拿下这个市场。

（3）阶段 3，投资人对于这个领域的所有事情都感到非常兴奋。在这个阶段，你的营运模式是最重要的一环。如果你能说明你打算如何把一个更好的点子商品化来赚钱，你就有机会募得资金，即使你的经营团队尚不完整。

（4）在狂热的阶段 4，只要有任何与该产业相关的想法，任何人都能获得资金。所以调整你的计划，强调你可以提供吸引人的经营团队。

（5）阶段 5，大家开始渐渐了解市场真实的情况。在这个阶段要获得资金非常困难，唯一的方法是证明你拥有一支经验丰富且素质平均的团队，每个人都身怀绝技。

（6）阶段 6，没有人能获得资金。大部分投资人忙着计算损失都自顾不暇了。

如果你调整事业计划以及经营团队来因应你所处的不同阶段，就能大大增强压倒性竞争优势。你也可以运用强大的市场力量来推动你前进。要了解市场正处于哪一个阶段，最好的方法就是与真正的顾客谈谈。他们的观点将会帮助你了解，局外人是如何看待你所处的产业的。你也可以尝试预测竞争者在每个阶段可能会采取什么行动。通过一支由过去曾成功跃上浪潮的人所组成的梦幻经营团队，你便能够努力将自己的新创公司定位为下一波大热门的巨星。你的压倒性竞争优势要能够引起所有你需要的利益关系人的高度关注与参与，你才能赢得下一波市场争夺大战。

3. 世界级的思考

你所有努力的焦点必须永远放在成为新市场龙头这件事情上面。这表示，你必须从一开始就打定主意要成为世界级企业。如果不这么做，你将被一开始便以世界级企业自居的竞争者撂倒。自恃了解当地文化就必定成功的想法是无用的。世界级企业要想在开放的全球市场中竞争并获胜，他们必须学会如何与世界上任何市场中的最佳企业竞争。

以色列的企业是个绝佳的例子，以色列人的生意概念是世界级的，而不是只想获得当地市场的庇荫。以色列创业家非常善于将压倒性竞争优势转变成竞争力强大的跨国企业，这通常要经过以下 3 个步骤：

（1）在以色列国内开发一项新科技，并组成核心经营团队。向当地或国际创投业者募集种子资金，并且让技术人员设计能够验证概念的模型。

（2）将事业移到美国，雇用美国人加入经营团队。特别是要从成功的企业里网罗一位美籍营销经理人，然后他们就能够吸引下一轮资金，让公司能够把模型做成产品，在美国市场推出。

（3）一旦他们证明了自己能够与世界顶尖的公司竞争，接下来他们就能在纳斯达克股票市场公开发行股票，以便获得足够资金来扩展事业，然后才能拓展到全世界的市场。

以色列已经运用这个简单的 3 步骤流程，创造出很多成功在纳斯达克上市的公司，在数量上仅次于美国与加拿大。以色列的人口只有600万，却有超过150家新创公司在纳斯达克股票交易市场公开上市。以色列在这方面的成功，很大部分要归功于新创公司从一开始就有世界级的思考。

请注意，世界级企业不会把母国市场当作安全的市场，只专心经营国内市场。他们不会期待消费者只因为他们是本国企业，就购买他们的产品。世界级企业不只志在成为母国市场的龙头，更会积极与世界各地最佳企业竞争。身为一个创业家或事业开创人，主要目标应该是成为新国际市场的龙头，将母国市场只视为全球市场的一小部分。

另外值得注意的是，现在劳动力市场的流动性和弹性已经变得比以前强多了。常常有人远离自己的国家，到美国闯荡成功之后，再回到家乡创立具有世界级竞争力的新公司，嘉惠当地经济。

4. **别担心被大企业压垮**

运用压倒性竞争优势来开创你能够主宰的新市场时，你可能会担心自己的新公司还没开始就被大企业压垮。看起来这似乎是个合理的担忧，但是事实上，大企业很少能够争夺由突破性科技和新创公司所开创的新市场。在商业发展进程中，我们反而到处看得到新创公司抢占新市场庞大占有率的故事，不论市场老字号的龙头企业多么努力也无力回天。

为什么拥有更庞大人力、财力与其他资源的大企业，无法击垮刚冒出头的新创公司？原因如下：

（1）大企业擅长经营庞大组织，而创业者擅长从无到有创造东西，这是两种截然不同的技能和思考模式。

（2）大企业从来不会从他们主宰的市场，转移到还没有形成的市场。他们无法这么做，因为风险太大。新创公司则没有这层顾虑。

（3）大企业喜欢涉猎新事物，但也随时准备好，只要一出现困难就结束新事业。新创公司面对障碍时则韧性较大。

（4）大企业的内部政治角力和互相争宠，让员工很难自告奋勇做些有创意的事。

（5）大企业专注于服务现有顾客，新创公司则专注于从零开始创造新顾客。

（6）大企业具有防卫性思考模式，新创公司的思考模式则比较积极，因为他们没什么好损失的。

（7）新创公司远比大企业有弹性，因为大企业里每件事都必须经过委员会的允许。如果需要的话，新创公司可以每个月都修改事业计划，大企业则会坚守年度计划。

（8）新创公司的组织结构是扁平的，这表示他们回应市场突发变化的时间比较短。大企业总是需要时间做分析，而且新构想必须经过层层繁复的管理阶层签核，使得回应时间增加数个星期或数月。

（9）大企业的流程通常已经僵化，新创公司则可以尝试不同的流程，保留最佳流程，轻易抛弃其他的流程。

（10）大企业的步调很缓慢，所以他们的回应可以事先预测到，新创公司则难以捉摸。

（11）大企业多元化经营，才能维持稳定营收。新创公司则可以专注于一项特别擅长的项目，然后就算天塌下来也要成功。

整体来看，大企业不擅长把新创意商品化。有几家大企业的内部新创事业的确缔造了一些例外的出色表现，但是这些例子之所以受到瞩目，就是因为太稀罕了。通常会发生这些例子是因为母公司把新创事业独立出去，让这家公司面对市场的现实考验自生自灭。大企业很难做到这件事，他们一般都会让新创公司尝试一些新事物，然后一出现问题就把这些人召回母公司，把开发成本当成一次性损失予以抵销。新创公司要在高风险环境中才会茁壮成长（如果他们体质良好的话），但是大企业会化解高风险环境，所以发展出来的新创公司，都不可能成就世界级事业。

5. 学习他山之石

精通了压倒性竞争优势的概念之后，就可以学学他人成功运用的方式。下列是部分例子：

◎创投公司彼此相互竞争，以便率先接触到创造市场下一波大热门的企业创始人。除掉所有的公关包装后，每家创投公司都宣称可以为新创公司带来压倒性竞争优势，或者是有渠道可以提供协助与有经验的老道人才，或者可以在建立经营团队时提供协助、指导或其他的效益。

◎产业的龙头企业长久以来早已将压倒性竞争优势运用得非常娴熟。新加坡航空公司在 20 世纪 70 年代初期，决定建立自己的压倒性竞争优势，成为亚洲地区品质顶尖的航空公司。新航向波音公司买下一整队的新客机，并选择不加入国际航空运输协会。当其他航空公司受限于机组配备时，新航尝试了一些又新又有创意的座位设置，受到旅客喜爱。新机队优秀的营运效率加上细心培训的机组人员，再加上以“新加坡女孩”异国风情为主轴的聪明的广告宣传，这家来自300万人口小国的航空公司，成功地利用自己的压倒性竞争优势，成为市场领导者。

◎教育是一项非常古老而充满激烈竞争的产业。哈佛大学的MBA训练课程品质卓越，使其MBA学院（也就是哈佛商学院）成为顶尖名校。哈佛商学院的压倒性竞争优势来自于该校毕业生的成就、全球最多的个案研究、出版广受欢迎的商业杂志，以及与出版商的密切合作。哈佛运用这项压倒性竞争优势，巧妙地将自己定位成培育未来商界领袖的摇篮。

◎许多国家和地区已经学会如何建立、运用压倒性竞争优势。美国好莱坞主宰全球电影工业、硅谷是大家公认的孕育高科技公司的最佳地点，中国是最大的轻工业制造商，印度在客服中心和软件设计方面表现突出，德国拥有制造高效能汽车的工程师人才，日本把热衷追求品质的特质反映在日产汽车上，挪威运用渔业技能主宰全球鲑鱼养殖市场。目前这些善用自己压倒性竞争优势的国家和地区都表现不俗，而其他缺乏这项技能的国家和地区，也在奋力赶上全球化的要求，只是各国政府为利用这些压倒性竞争优势所花的功夫不一样。

6. 最后清单

要从拥有一个有意思的点子到变成具备压倒性竞争优势，你必须在你的杀手级点子中找出弱点，并加进更多优点。你可以借助以下清单帮助自己做到这点：

◎你的核心经营团队是否有足够的经验，能够将你的公司带向下一个层级？

◎对你的核心团队而言，赚大钱是不是比打造一家为顾客解决问题的伟大企业更重要？

◎你的人马有辉煌的纪录和实际经验，而不只是空有一腔热血？

◎你的商业概念是不是针对一个大问题？

◎你是不是提供了一个比现有解决方案更快、更好或更便宜的替代方案？

◎你正在开创一个你可以主宰的新市场区块，还是市场中已经有一批跟随的竞争对手正在奋力求生存？

◎你的点子是针对单一产品，还是针对一项新事业？

◎你的营运模式是实验性的吗？

◎你是否有计划可以应付跟随型竞争者？

◎你最初的压倒性竞争优势是否能够进阶，并且作为未来的根基？

◎你的竞争对手是不是有可能超越你，开发出下一代产品？

◎你的产品或服务是依赖特定的功能来赢得新顾客，而不是依靠你在市场的定位？

◎你有一项技术，正在寻找市场；还是你一心一意要看出一项有说服力的顾客需求，然后找出技术来满足这个需求？

◎你的商业点子是不是独一无二或具有原创性？

◎你对目标市场是不是够专注，或者你试图满足所有人的所有需求？

◎你是不是有实际的证据证明，顾客急切想购买你计划推出的产品？

◎你比较依靠人脉，而不是依靠事业知识？

◎你是不是把策略伙伴的资产利用到了极致？

◎你是不是有明确且可以取得的销售渠道？

◎你能够把产品销售到全球市场，还是竞争对手有机会从他国进入市场并给你迎头痛击？

◎你的销售规模是不是能迅速扩大到足以让你在纳斯达克之类的股票交易市场上市？

◎初期投资人是不是有多重退场选择？

延伸阅读

突破自我，创造压倒性竞争优势

我身处的创投行业已经有50年的历史，多位杰出创投业者的卓越眼光与冒险精神，使得苹果电脑、思科系统、亚马逊网上书店、搜寻引擎公司谷歌等资讯科技企业，有机会在人类社会的进步过程中占有一席之地。台湾约在20年前导入创投模式，先历经前10年发展缓慢的导入期，1995年开始出现迅速成长，创投基金大举参与台湾资科产业的蓬勃发展，即便1999年兴起的网络创业风潮，创投业者都是助了一臂之力的。

我自1997年在台湾创设华鸿创投公司，对于创投业的多样面貌及作为产业变迁推手的角色，至今感受相当深刻。本章作者约翰·纳斯汉第一本著作《非常竞争优势》第一版出版的年份，巧合地与我的创业在同一年。

在纪录上，身为纳斯汉集团顾问公司创办人及首席执行官的纳斯汉，曾经协助300多家企业筹募超过20亿美元的资金，也在美国及新加坡大学的创业课程上，教导年轻学子如何建构及运用“压倒性竞争优势”，他的著作可以说是学习教材，不乏有人照着书上的指导一步步实现创业计划，纳斯汉俨然成为硅谷创业大师。然而，受网络经济泡沫破灭的影响，2001年至2004年间作者随着硅谷创业热潮散去，淡出人们的视野。及至近期，《如何打造压倒性优势》才以全新的专著姿态再度问世。

“洞烛机先、逆势投资”奏效

美国的创业教练及创投名人纳斯汉，这一息、一起之间，代表的是什么？身在台湾，同为创投业者的我，相信应有资格加以论之。

华鸿创投成立至今已步入第八个年头，旗下最早的两个基金兆丰及华敬，刚好也到了7年期满要解散的时刻。目前我们已逐渐处分这两个基金的投资标的，以目前的市值来看，这两个基金的7年总IRR（内部回报率，也就是投资回报的年复利率）大约是13%；换句话说，7年前投资人在这两档基金投入1元，到最后可以拿回约1.95元。

在1998至2005年的7年期间，科技股的高低起伏甚巨，科技股获利计算基准的本益比，曾经剧升到40倍，也曾跌到只有七八倍。我们受制于创投基金进、退场的时间限制，曾有买在最高点、处分在最低点的纪录，同事总抱怨“生不逢时”，前人的好日子没有遇到、烂天气一个接一个到来。而今，最后这两支基金仍然得到IRR13%的投资回报率，而同时期欧洲创投基金的回报率，平均总IRR只有6%左右；与美国创投业相较，华鸿团队的表现也不差，加上近几年定存利率低迷，我们能够交出这张成绩单，还算能够对股东有所交代。

对此，外界都想探究华鸿的“压倒性竞争优势”。在我看来，最关键的一点在于秉持“洞烛先机、逆势投资”的法则，坚持在景气不佳时仍加码投资。尤其是过去三四年电子业非常低迷，产业景气非常糟，我在这一段时间也没有大力促销创投，美国也是如此。然而，华鸿的创投基金持续择优投资，锁定未来三五年会成为主流的产业，大举加码投资光电、无线通讯及 IC 设计等产业，及至去年景气渐暖，我们陆续卖出，才得以创造较佳的成绩。

我的两个故事

我个人在今年有幸受到同业支持，当选“中华民国”创投公会理事长。我一方面感念创投产业与高科技产业与台湾经济发展的密切关系，珍惜创投业深厚的专业基础，也有心想要重振低迷的业界环境，毕竟，唯有热情的创投业者挹注充沛的资金，台湾的高科技产业才有高成长可期。

当外部环境令人窒息时，我认为最有效的方法是“集中心力，大力扭转”，这似乎和华鸿创投“逆势投资”的法则相互辉映。我在 31 岁决定出国攻读 MBA，又以专业经理人的身份在职场最高峰时决定个人创业，是两个值得和朋友分享的故事。

我是在台湾南部长大的乡下小孩，这样的出身和一般创投同业就大不同。自幼我的数学就非常好，当时大学联考的志愿填写指导老师轻易地就把我这样的学生归类到工科，于是我就进入台北工专机械科就读。我也很安分地读书，每次考试成绩都是全班前 10 名，没有一科不及格。毕业之后顺势进入电子工厂担任工程师，所幸后来转行做销售工程师，才有机会接触具体业务、市场等，也因此愈来愈想了解企业管理的真相。

虽然我也曾考进一般大学的企业经理人班，但总觉得他们教得太浅。30 岁时，我做了决定，要念就要念最好的 MBA，而唯有进入美国一流大学才是正途。于是，我用了半年的时间全心准备 GMAT 和申请学校。当时的情况对我相当不利，先前我的学历不是台湾一流大学，而且辞掉高薪的工作，又才结婚半年。但也因此明白，接下来实在没有退路，尽力往前冲刺，人生的美景才会再现。

至今我仍相信，几年的工作经验、适当的推荐函和非常完美的申请书，是成功得到美国宾夕法尼亚大学沃顿商学院入学许可的 3 大关键。我如愿为自己创造新的出路，在宾大的求学更为积极。取得双学位时，知名美商已经在门外等着挖人，我被聘到瑞士日内瓦工作两年，负责宝洁集团的全球资金调度。这种国际级的职场训练打开了我的眼界，使我的专业技巧更加熟练。由于家人都在台湾，瑞士工作结束后我决定返台。

兴起创业念头

返台后我就职于徐立德先生的环宇创投，以创新的配套释股计划，完成“中钢”第一次民营化，成功释出100余亿元的“中钢”股票。当时的成功经验，相较于近来沸沸扬扬的“中华电信”释股案，“交通部”官员就说，实在早就该借镜“中钢”当年的释股经验。1997年，我已经是财务顾问公司总经理，却想选择创投业自行创业。这是我个人平生第一次创业，虽然自认为对产业潜力有所掌握，但是一支创投基金少说两亿元，没有家世背景的我，募资工作是一大挑战。

人生就是如此奇妙。我以前任职的崇友实业老董事长唐松章，听闻我为了募资正在犯愁，把我叫去他办公室，要我讲讲投资计划。唐先生听完我说明计划之后一星期，告诉我将在我的第一支创投基金投入6亿元，这真是意外的惊喜。有了这笔巨资，我就更有信心了，积极地向各界募资。结果，创业之举竟是两支各6亿元的创投基金。至今，华鸿尊崇唐先生为荣誉董事长，华鸿创投发起的任何基金，他向来维持认股10%，我和他宛如父子、亦兄亦弟，默契十足，一个眼神就明白彼此的想法，是他创造了华鸿创投的压倒性竞争优势。

创业路上恩人的带领，让我对于华鸿的团队组成非常慎重，品德、性情、专业都要符合才用人，投资标的企业的经营团队我也要亲自面试。多年前投资大立光电时，我对首次接触的该公司董事长林耀英，表现出来的正直、专业感到相当佩服，加上他有一个全力投入研发的总经理陈世卿，两人搭配形成完美的绝配，于是我力主投资该公司，如今都得到很好的获利。此外，今年9月才上任的华鸿创投台湾总经理何殷权，也是我花了半年的时间，从前“中钢”集团尚扬创投挖过来的。他是成功大学电机工程博士，个人在电子、光电材料与零组件产业的投资独到，再加上他谦善的为人符合华鸿的企业文化，我无论等多久都要请他加入团队。

台湾创投业应该善用国际优势

取得何总经理的支持后，我目前以推动华鸿创投的国际化为主，而创投公会理事长的职务也需要我投入时间。当选理事长职务时，同业会员们期待公会未来，首先要做好政府与业者的沟通桥梁，积极争取四大基金投入创投。另外，公会还要协助业者转型到直接投资，甚至投资银行业务，发挥重整企业的金主角色。创投业自 1999 年产业环境不同以往，基于公平竞争逐步迈向成熟期，今年 7 月有关政策大幅松绑，让创投基金的经济功能更臻健全。

虽然如此，不可否认，台湾创投业仍是本土型产业，我也希望公会能为创投业者建立国际化平台，以三五年的时间迈向区域市场、实现国际化经营。除了举办一系列高阶相关课程，协助业者了解国际化的游戏规则，我也带着公会干部拜访新加坡、香港等地区，以与当地创投进行策略联盟、交互投资或交换案源方式，导引国际大型基金投资者经由台湾创投业的协助与资金管理，成功地进驻大中华地区，这也有助于台湾创投业者，开拓海外案源与募集海外资金。

拥有国际视野、跃上突破性浪潮，台湾的创投业才有机会大翻盘，激励自己的未来，热情导引台湾产业创造新的高峰。

专家简介

陈仕信，1997 年创立华鸿创投集团，现任华鸿管理顾问公司董事长，掌管 50 亿元创投基金。美国宾夕法尼亚大学沃顿商学院企业管理硕士及国际研究硕士；荣获 2004 年台北科技大学杰出校友奖。在美取得学位后，被美国宝洁公司延揽到瑞士日内瓦，负责集团资金调度工作；返台后服务于环宇公司，完成国内第一项民营化案例的规划作业，曾率领顾问团队为顶新集团（康师傅方便面）提供策略规划服务，对该集团的快速成长助力甚多。创立华鸿创投至今，他的创投案例如飞信半导体、柏承科技、华宝通讯、璨圆光电、茂纶及大立光电等数十家公司，成果丰硕，目前仍担任柏承及茂纶等公司董、监事。2005年5月当选台湾地区创投公会理事长，活跃于大型创投国际舞台，多次应邀参加业界论坛，担任演讲者。

两秒优势力

预见未来的企业3.0成功术

The Two – Second Advantage

How We Succeed by Anticipating
the Future – Just Enough

原著作者简介

维微克·拉纳戴夫（Vivek Ranadive），知名软件公司 TIBCO 的创立者兼首席执行官，该公司致力研发协助企业转型为事件驱动模式的软件；美国职业篮球金州勇士队的共同老板及兼任副董。拉纳戴夫毕业于麻省理工学院和哈佛商学院，著有《即时·资讯·利》和《预见未来》二书。

凯文·曼尼（Kevin Maney），品牌顾问公司 VSA Partners 的编辑总监，曾为《财富》、《快速公司》、《大西洋》撰稿，亦曾任《今日美国》科技撰稿人达 20 年之久。曼尼毕业于美国罗格斯大学，著有《取舍》、《打造 IBM》、《让世界更美好》(合著)。

本文编译：林俊宏

主要内容

主题看板

提前两秒预见未来

如果你是运动迷，那么就很清楚运动员的“反应速度”可以主宰比赛的胜负，往往差之毫厘，便失之千里，造成难以挽回的遗憾。今日的企业也同样面临如此严峻的挑战。

在信息时代，企业决胜的关键在于速度，能比竞争者更快速地因时制宜、随机应变就成了制胜的关键。本章作者维微克·拉纳戴夫及凯文·曼尼以加拿大冰上曲棍球传奇人物韦恩·葛瑞斯基为引子，说明卓越的反应速度如何创造出技压群雄的“两秒优势力”，而“预测科技”就是企业争取“两秒优势力”的最佳利器。

人类喜欢预测未来，希望掌握未来，从容应付未来的挑战。企业也需要预见未来，洞烛机先。有别于过去耗日费时的资料分析，愈来愈多企业采用即时系统，针对动态事件，预测客户需求，快速回应。“预测科技”便是模仿人类大脑，将大量资讯整合转化成有用的决策依据，使企业及早作出正确的预测，防患未然的工具。而且这个系统要像专家一样，不假思索就能作出反应。

拜互联网及科技产品蓬勃发展之赐，线上的、即时的、动态的互动已成为许多人生活、职场上的常态，这也代表顾客不再有耐性等待，他们期待更迅速、贴心的服务，甚至在问题还没发生、需求还没产生前，就能获得一个令人感到温暖的服务。因此，企业需要一套有预测能力的即时动态系统，协助它们做到：

（1）即时性服务：快速整合作业流程，缩短回应时间，随时随地应对各种例行及突发状况。

（2）预防性服务：及早发现问题征象，提前反应，预防犯罪、疾病或灾害。

（3）个人化服务：分析顾客过去的行为，提供更精准的营销服务或量身定制的产品，创造完美的顾客体验。

面对变动快速的21世纪，企业的“两秒优势力”不再取决于能够收集到多少资讯，而是能否提前两秒、两分钟，或两小时，取得正确的资讯，做出即时的判断和回应。“预测”无疑是未来企业能否脱颖而出的关键，小至商业营销，大至反恐、流行疾病预防；从消极的、被动的风险管理，迈向积极的、主动的创新服务。就看你是否能够抓住“两秒优势力”。

5分钟摘要

优秀的大脑+优秀的系统=卓越的预测

互联网加速资讯的处理和传播速度，企业如何利用科技快速取得有效的决策资讯、及时创造及掌握商机，已是刻不容缓且常态性的挑战。简言之，“预测”将成为企业脱颖而出的成功关键。

冰上曲棍球传奇人物韦恩·葛瑞斯基有句名言，他说自己不是滑向冰球现在的位置，而是滑到冰球要去的位置，等着它来。评论家指出，葛瑞斯基因此比别人领先了两秒钟，而这已经足以让他成为冰球界的超级巨星，并带领埃德蒙顿油人队，拿下4次北美国家冰球联盟的史坦利杯总冠军。就像葛瑞斯基一样，在各个领域的佼佼者就是能够比其他人快上这么一点，作出优秀、正确的预测。他们能够预想到后续发展，并妥善因应。

事实证明，现今的神经科学结合科技，已可在许多领域作出更准确的预测，而预测分析的技术也逐渐站稳脚跟、投入应用。再将这些增强后的功能，结合无线射频识别技术（RFID）感应器，以及资讯科技产生的大量资料，便可让企业开始享有这种“两秒优势力”。

过去，我们曾经想把电脑打造成人类大脑，但那已经是过去的新闻了。相反，未来的挑战是如何结合优秀的大脑和优秀的系统，做到更佳的预测分析。只要能提早一点时间，在正确的时机和情势下，结合正确的资讯，成功便唾手可得。

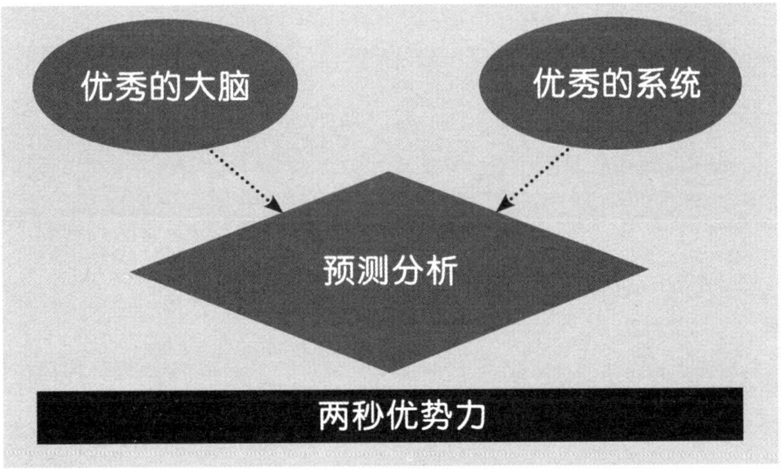

关键思维

“两秒优势力”科技即将大功告成。这类事件驱动系统可以通过大量资料分析产生模型，且无须随时存取所有资料。这类系统取法人类大脑的运作方式作出预测——靠接收到的即时事件，预测后续发展，在没有人为互动的情况下采取行动，或发出通知。它们的运作概念是，即使只是抢先一步得到一点点正确资讯，也比事后拿到一堆资讯更有价值。这波发展优秀系统的趋势将持续且不断增强——因为势必如此。

——维微克·拉纳戴夫　凯文·曼尼

一　优秀的大脑

人类的大脑拥有出类拔萃的预测机制。那些最成功的人，大多能够非常精准地预测接下来会发生什么事，并据以作出最有利的决策。企业也需要如此——开发一套即时系统，针对一连串正在发生的事件，预测接下来的变化，然后据以采取行动。现在时机已经成熟，即将能运用科技再现葛瑞斯基的大脑。

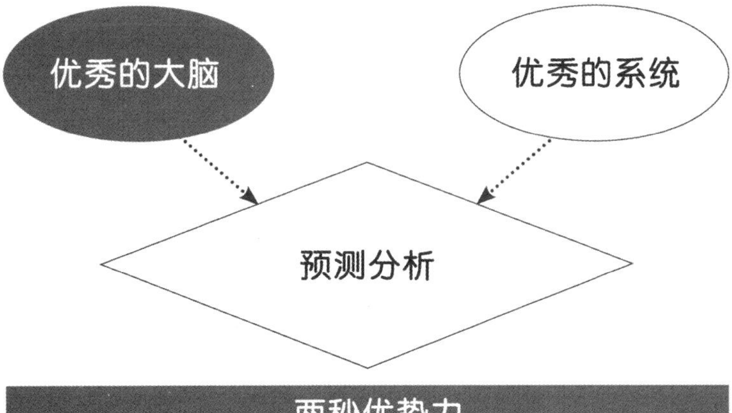

商业界已经尝试了相当长的一段时间，希望能运用资料来达到预测未来的效果。例如：

◎运用统计分析，预测设备零件可能在何时损坏而需要更换。

◎营销业者也已长期使用邮递区号来估计，在某一特定地理区域内的人，可能对哪一项产品或服务特别有兴趣。

◎许多公司都会使用分析技术，从历史资料中找出趋势。例如各家航空公司都会使用分析技术来预测需求，尽可能让飞机载客率接近100%。

以上这些技术都十分有益、实用，但预测分析则更进一步，它的目标是要在正确的时间、正确的地点，得到正确的资讯，以便作出明智的决策。例如，西南航空公司正在测试一套系统，能不断监视飞机运行状况并自动调整，因应风暴和其他事件，出现任何事件，都能即时调整西南航空公司的整体时间表和飞机班次分配，让西南航空达到最大载客率，亦即获取最高利润。

关键思维

我们正处于一场重大的革命中。想让人脑的模式进入科技，已经不是未来的想象，而是现在的事实。我们已经在建造即时系统。因为世界不停变动，我们需要可以应付多变环境的系统。

——史蒂芬·格罗斯伯格，波士顿大学教授

信息科学家心目中的系统，不止可以处理更多的资料，有远见的公司努力开发的系统更像优秀的人才，而不是官僚作风盛行的组织机构。这些公司想用科技来预测现在市场上的状况，不断快速作出调整。这正表示只要内容适当、诠释正确，就算只有一点点的资讯，也比大量的原始资料更为实用。

目前有许多趋势正在融合，相关机构将在不远的未来推动“两秒钟科技”的发展。这些趋势包括：

趋势1　资料库的经验和诀窍

那些已有50年以上历史的公司，现在都已采用资料库技术从事资料收集活动。然而，由于未来将会有急速增多的感应器和设备提供资讯，资料库的规模很快就会大到难以控制，而相关技术却无法跟上。另一个问题在于，资料库侧重于“回顾”，能告诉我们过去的事件，而不能告诉我们未来的走向。想要处理如洪水般冲来的新资料，我们需要的是像人脑的电脑，而不是更大的资料库。

趋势 2　反应时间急速缩短

我们正进入一个可以称为“企业 3.0”的局面。“企业 3.0”与“企业 1.0”和“企业 2.0”的区别在于：

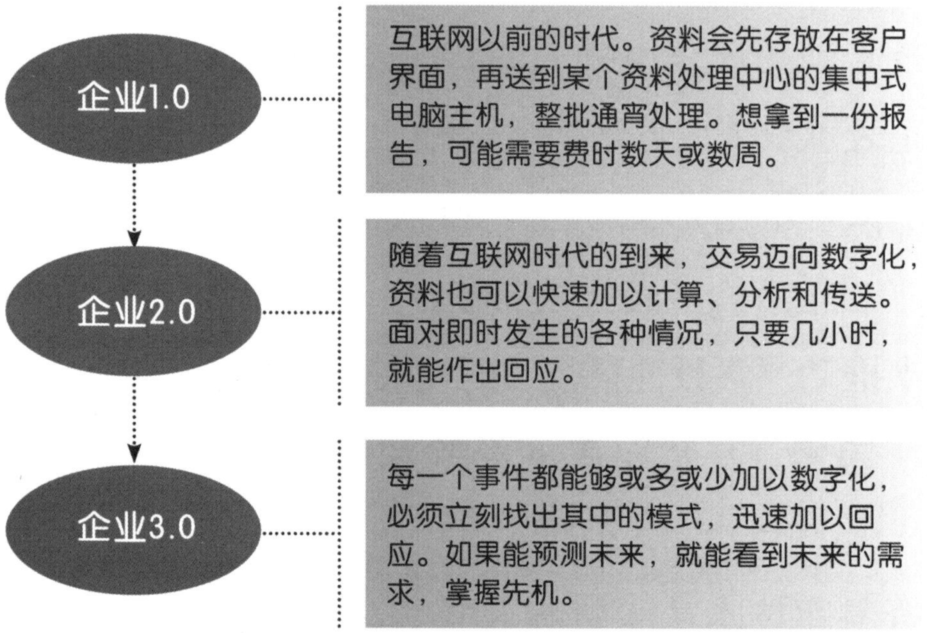

在竞争压力下，每个企业的反应都必须更迅速。企业也愈来愈清楚体认到，它们必须凭借最新的资讯来作出决策。

趋势3　“预测”将成为脱颖而出的关键

现在，有愈来愈多企业的首席执行官每天、甚至每分钟都得作出判断，处理各种关于客户和竞争对手的问题。想要成功取胜，首席执行官就必须有一套精确的心智模型，可以在大多数的情形下快速且正确地推测未来演变。这类首席执行官会留意各种事件发展，并从宏观角度出发。

关键思维

每个首席执行官都是在资讯不完整的情况下作决策。事实上，在决策时，首席执行官所凭借的资讯，可能远不及哈佛商学院后来做个案研究时所用资讯的十分之一。想要有足够时间搜集到所有决策必需的资讯，是不可能的。

往往一个礼拜下来，首席执行官必须作出上百个大大小小的决策，不可能为了某个单一的决策，就把手上的事都停下来，收集完整资料，做彻底分析。

——本·霍洛维兹，Loudcloud 首席执行官

综观上述 3 个趋势，就可以清楚看出未来成功的关键，显然不是做出愈来愈大的资料库，就可以得到先见之明，而是要用更聪明的方式运用科技，使它们像人类大脑一般运作。

然而，如果真有一个电脑化的优秀大脑，它会怎样运作？这正是目前神经科学面临的重大问题。科学家正试着找出人类智力的运作方式，好让机器也能通过程序设计如法炮制。

关键思维

从预测能力可以看出智力。预测不只是大脑的一个功用，而且是大脑皮层的主要功能，也是

智力的基础。

——杰夫·霍金斯，红木神经科学中心创始人、PalmPilot 掌上电脑和 Handspring Treo 系列手机开发者

人脑超越机器，而且机器很难复制的一个特点是：人类可以凭借过去的经验，加上对于整个世界物理原理的理解，判断未来可能发生什么事。这也正是韦恩·葛瑞斯基在冰球比赛中的表现，而这点到目前为止还没有机器能够做到。

人类大脑之所以能有这么惊人的本事，是因为它能将事物分门别类。每次有新的经验，就会再加进来。这些被强化的知识，便代表未来可以作出更好的预测。每次加入更多的经验和诀窍，就能启动良性循环，让预测更为准确。大脑可以快速在各个类别中迅速想起它们之间的联结，于

是便建构起非常精密而且运作快速的心智模型。这也解释了，为什么各领域的专家几乎都是不假思索，就能完成他们的工作。

资料

另一件大脑表现优秀而机器无能为力的事，则是大脑会遗忘。电脑从来不忘记事情，什么细节都存在资料库中。因此，想从记忆中检索资讯的时候，机器必须依照设定的方式搜索整个资料库，反而缓慢。而人类的大脑会有选择性地删除和清理旧资料，反而能够更有效地处理新资料。

全貌 VS 细节

人类还有一种心理机制，就是能在“思考细枝末节”和“处理高层次概念”之间快速切换。正因如此，韦恩·葛瑞斯基才能在冰球比赛中，专注于如何施展对自己有利的策略，而不需要分心思考冰鞋要怎样在冰面上移动。他可以全神贯注思考策略，至于怎么溜冰，就让大脑自行处理。

神经科学研究已经明确显示，每个人的大脑都有所不同，某人觉得简单的事，对另一人而言可能很困难。换言之，有些人的大脑天生就是比较优秀。但也别急着失望。研究人员也发现，就算是普通的大脑，也可以提升功能，甚至重新调整。他们发现，就算是智力普通的人，只要经过多年的“刻意练习”，几乎都能在任何领域出人头地。具体来说，科学家认为，无论任何领域，只要经过 1 万小时的积极练习，就能表现卓越，也因为懂得更多，便能更具预测能力。

关键思维

到了 20 岁，最有成就的一群音乐家已经花了 1 万小时来练习，距离另外两群成就较低的专业音乐家，则有 2500 和 5000 小时的差距；比起同龄的业余音乐家，则足足多了 8000 小时。在许多领域中，这种刻意的自我训练，与是否能成为专家、有杰出表现，都密切相关。

——安德斯·艾瑞克森，《高阶能力研究》，2007 年

从“两秒优势力”的角度来看，这些练习会在大脑中创造许多资料，并随着时间的流逝，分门别类形成有效的心智模型。于是这些人不用真正去想，就能够靠直觉预测接下来会发生什么事。这意味着，职业网球选手可以在对手出手之前，就预测到对手会怎么做；音乐家还没有弹奏乐器，心中就已经听到那个音符，知道和其他乐手配合时的效果；厨师连菜都还没做，就已经可以预料到混合起来的口味会是怎样；企业的首席执行官也不需要取得所有细节，就知道自己的决策会带来什么成果，而且准确度惊人。总之，有了足够的刻意练习，就能产生细致的预测心智模型，让人们能用直觉作出决策，也使他们能够预

测未来。

从商业角度看，目前的微处理器设计已经提升到原子等级的物理极限，但距离研发出可与人脑比拟的硬件，还有很大的距离。因此，未来想要持续了解如何赢得客户支持，课题将会是软件而非硬件的挑战。好比一个只有平均智力的人，只要投入1万小时的刻意练习，就能成为某领域的专家，因此如果企业如法炮制，投资开发软件，借用大脑的程式编写技术（比如将资讯分门别类，建立可预测未来的心智模型），就能有更大的成功机会。而这将是智慧软件而非最先进的硬件所要解决的课题，它能让企业看清情势，作出高准确度的短期预测，进而赢得客户支持。

二　优秀的系统

我们即将面临的挑战，是如何打造一个功能近似优秀人脑的软件系统。而人工智能的下一个挑战，则是仿效超级巨星的养成模式，研发出优秀且具有预测能力的机器。实现这个目标的方法已经十分清楚：让软件模拟相当于1万小时的刻意练习，运用大批资料建立有效的模型，为即将到来的变局提供短期预测。困难之处在于，如何让系统朝向企业3.0迈进。

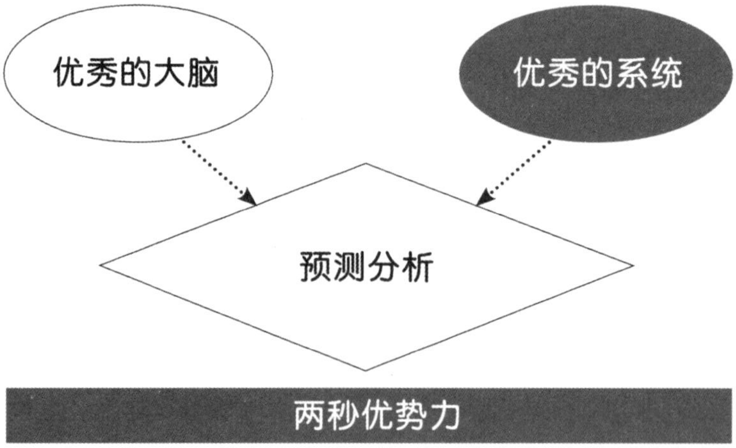

在 20 世纪 90 年代，将资料输入电脑系统，主要方式是通过：

- 信用卡和银行交易。
- 办公室后台系统，例如工资和库存资料。
- 超市的结账柜台扫描。
- 室内电话为主的通讯流量。
- 对个人电脑薄弱的应用。

今天，世界各地约有 30 亿人口使用网络，他们不断将各种资料输入电脑系统。截至 2015 年，全球有超过 70 亿部手机，每天也会带来数位电子流量。各种运用全球定位卫星资料的行动定位服务，每个小时也会产生大批资料涌入资料库。但这些由人类活动产生的数位资料，如果和数位感应器每毫秒感测到的资料量相比，只能说是小巫见大巫。

关键思维

我们用感应器监测河川水流、市区道路交通、电视节目的收视、葡萄的糖度、铅笔的出货量等等所有事物的动态，从货运列车到海里鲸鱼的游动，无所不包。在一趟跨国飞行中，一架波音737飞机的感应器会产生大约240TB的资料。如果把所有飞行中的班机产生的资讯都存入电脑储存设备里，地球上所有航空公司的资料中心将会不堪重荷。

——维微克·拉纳戴夫　凯文·曼尼

这一切代表着，整个世界运作产生的数位资讯量，正像洪水暴发般涌来，而且还只是刚开始而已。调查研究机构嘉德集团估计，从2012年到2017年，企业资料量会增长650%；研究机构国际数据资讯公司也预测，全世界的资料量目前是每隔18个月增加1倍，而且由于企业和政府仍不断将感应器嵌入各种实体物件，以取得更多电子活动的资料，未来这种倍增的情形还会持续发生。

所以，这一切对于企业来说有何意义呢？现在的电脑运算速度和早期相比已呈倍数增长，应用方式也在不断进展：

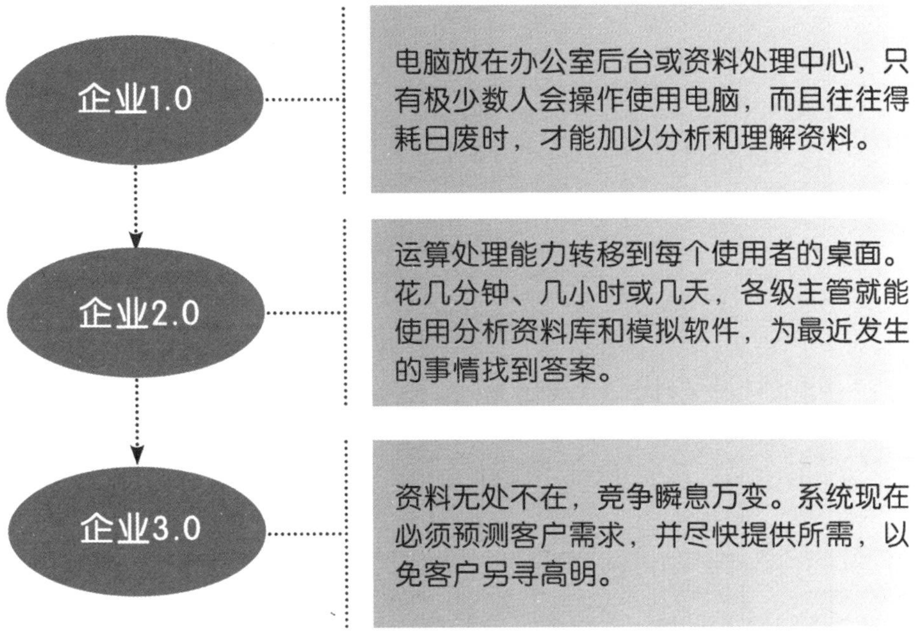

如今，已有愈来愈多企业体认到预测的重要性。世界各地的企业，现在都在应用科技来取得自己的两秒优势力。过去得花上几天或几个月才能得到的分析研究，现在都能瞬间完成，并且不断传送到决策者的手中。商业步调不断加速，在企业 3.0 的环境中，预测能力已经快速改变了种种游戏规则。以下举例说明：

◎零售商向来善于预测未来采购量，比如杂

货店，会在万圣节前的几周摆设更多架子贩卖糖果，也会在玉米片旁边摆上莎莎酱。然而，现在零售店的新招是要针对每个顾客和他们的喜好作出预测。比如山姆俱乐部的每个顾客，只要成为该店的“升级会员”，就能取得一张卡片，可以依据过去的购物记录得到购物折扣。顾客可以通过电子邮件通知，或在任何一家店面的服务站刷一下会员卡，或登录超市网站，或使用手机上的应用程序取得折扣资讯。他们不再使用实体折价券，所有折扣都在结账柜台处理，每个顾客的折扣项目也各不相同。但它不只是纯粹参考过去交易情况而已，山姆俱乐部的软件是把每个顾客的资料消化分析后再预测他们的需求。这套软件参考了几十亿笔交易记录，为每个顾客建立一套软件模型，然后追踪哪些日用品可能该补充了，再提供顾客相对应的折价券。这套软件还会针对生活形态转变作出一些合理猜测，例如如果顾客突然开始购买尿布，它就会留下记录，并针对新生儿可能需要的物品提供折扣。山姆俱乐部的顾客对这种系统的智能预测反应热烈，证据就在于其折价券使用率比起一般的折价券高出20%到30%甚至更多，而一般的优惠券使用率大概只有1%。

◎直到20世纪90年代，印度还没有手机系统。但到了2010年的春天，印度有5亿5000万人使用手机，每个月还有大约2000万人购买新手机。信实电信是印度最大的手机供应商，它每天增加15万新用户，但也会流失好几万人到竞争对手手中。为了减少用户流失，信实电信开发出一套软件，可以预测用户是否因对服务不满而“移情别恋”。导火线可能漏接来电或其他信号。每当出现这种情况，信实电信就会提供用户折扣或其他难以抗拒的促销优惠。这种做法大幅减少用户流失率，而且信实电信目前正在开发下一代系统，让系统能即时衡量情况、作出调整，无须程序设计师指定处理规则。信实电信的新系统将能够了解客户、作出预测、检验预测是否正确，并不断重复这个循环，无须再靠任何外部输入。

◎密歇根州哈珀伍兹市的艾维达运动用品公司开发出一种新科技，能让顶尖游泳选手在训练时提升成绩。他们将感应器连接到选手的头部、手腕和脚踝，通过感应器将资料不断传送到教练的笔记本电脑。于是，选手的速度、划水次数、划水节奏、回转时间、踢水的力道等等数据，都可以即时测量，并与过去表现做比较。教练还可以通过无线耳机即时和选手沟通，立刻修正技巧加以改进，并测量结果。教练也可以衡量选手每日的表现，有效管理训练量。

◎安大略理工大学在早产儿身上接上感应器，追踪新生儿的呼吸、心律、血压和其他重要生命体征，每秒侦测超过 1000 次。系统将即时资料与过去的模式比较，甚至在症状发作前，便能找出致命感染的前兆，比由医生亲自检查更快速。因为能够制敌先机，医生也就更有机会治疗感染。

◎新泽西州东奥兰治市的警察局也应用科技来预测犯罪是否可能发生，并试着防患未然。例如，他们使用智能摄影机监控过去曾在半夜发生抢劫案的街道，如果有人在差不多的时间独自走上这条街道，而连上系统的摄影机又发现有一部车正慢慢靠近那个人，就会立刻发出讯号给附近配有全球定位系统装置、相距不到1分钟车程的巡逻警车。警方于是打开警笛，冲向可能的犯罪现场；光是如此，常常就足以吓到可能的抢匪。这套系统还可以在毒品交易发生前，就调动警车前往巡逻，或拦下看来打算偷车的人。虽然这种预测式的治安措施可能引起侵犯个人隐私的疑虑，但至少在东奥兰治市，犯罪率确实下降了，而口耳相传的效应也使得罪犯决定到别的地方另起炉灶。东奥兰治市的警察甚至还特别向那些真的遭到逮捕的人解释这套科技系统，让他们知道自己是怎么被逮的，以让他们出狱后会警告他们的同伙。

◎Fruition Sciences 于 2007 年在法国和美国加州成立公司。该公司将感应器直接装在葡萄藤上，随时回报葡萄是不是渴了、需要喝水。这一点之所以重要，是因为葡萄藤中的水量会决定葡萄收成时的甜度，也就决定了葡萄酒的风味及酒精度。靠控制灌溉水量，酿酒师就能让风味维持一致。

◎SmartSignal 是从美国阿贡国家实验室研究计划中独立出来的公司，该公司开发的软件，能够结合飞机喷射引擎中的温度感应器、振动感应器、应变计和其他感应器，收集各种资料，标示出可能造成问题的变数。事实上，SmartSignal 可以在长达 6 周之前就发现问题，于是飞机可以进场维修，避免发动机在飞行中发生故障。SmartSignal 现在也将这套技术应用在油气产业以及电力公司。只要能避免电厂发生状况，这些企业就能省下几百万美元的费用。SmartSignal 的“故障预测”，不仅能够预测会发生什么事，还能找出原因和发生时间；现在也应用在各种车辆、家庭暖气系统、桥梁等方面。

◎1998 年，加里·洛夫曼被任命为博彩业巨擘哈拉斯娱乐公司的首席营运官。他发现哈拉斯的会员卡“完全回馈卡”建构了庞大的资料库，包括赌客的喜好和行为。只要在哈拉斯集团的旗下产业，赌客无论是下注、点餐或是从事任何活动，都要用到这张卡。洛夫曼要求手下团队分析这批资料，之后有了惊人的发现：对赌场来说，最有利可图的不是那些在赌桌上一掷千金的大户，反而是玩吃角子老虎的玩家。哈拉斯开始运用这批资料建立赌客的个人模型，看看他们输到什么地步，亦即在怎样的临界值会愤而离开赌场。这套系统也知道赌客喜欢什么样的活动。使用这些资讯，哈拉斯能够即时知道某个赌客今天输了多少。当某位赌客的损失接近临界值的时候，赌场就会派出客服人员，轻拍赌客的肩膀，为他的家人提供 4 张免费看演出的票。（当然，系统也知道当晚的表演还剩余多少张门票未售出。）赌客并不知道自己为什么被选中，但至少现在有个好理由可以待下来，在哈拉斯度过一段美好的时光。后来证实，这个方法非常成功。加里·洛夫曼在2003年成为哈拉斯娱乐公司的首席执行官，后来更让哈拉斯扩展成为凯撒娱乐公司，分别在美国及海外经营39间和13间赌场。时至2011年，凯撒娱乐旗下有哈拉斯、凯撒宫、百利斯、好莱坞星球等品牌，品牌价值超过70亿美元。

以上这些和其他抛下过去传统做法（从资料库做资料采矿，找出趋势和统计资料）的公司，皆改为采用即时的前瞻性预测，以“两秒优势力”取得亮眼的商业成功。也正因为预测能力能够提供傲人的竞争优势，目前无论大小企业，都希望在此方面有所提升。只要即时取得所需的工具和资讯，我们就能作出更好的决策。

关键思维

“两秒优势力”听起来好像没什么了不起，但拥抱它的企业就能像葛瑞斯基一样，事先移动到冰球将抵达的位置，而不是在之后苦苦追赶。

公司只要能提早几秒钟取得一点点正确的资讯，它的价值会比几个月之后散布全世界的资讯更有价值。

——维微克·拉纳戴夫　凯文·曼尼

我们并不是说要让整个公司自行运作，而是要用最好的科技，加上最优秀的头脑——建立系统和资料来简化公司营运流程。我们的整个商业模式，是要将种种谜团（也就是未解决的、未结构化的企管问题）转为代码和演算，再用释放出的资源处理下一个谜团。

——盖伊·培里，宝洁公司商业智能部主管

截至 2011 年，“两秒优势力”所需的软件和资料搜集技术都还在早期发展阶段。当前的技术已经能够即时从数十个来源追踪事件，也有一些企业开始使用紧密集中的规则导向软件加以处理计算，预测事件未来可能的发展。显然这是可行的，未来可以再微调这些规则，让它们更为完善。这个概念就是“前推式链接”，通常做法如下：

（1）建立一套系统，以既有的规则加以编程。系统通过这些规则导出概念，用以预测未来行为。

（2）如果规则预测会发生“X”，但出现的是“Y”，那么规则就会将“Y”设为新的预期结果，并修正规则，以求更符合出现“Y”的情形。

（3）随着时间的推进，规则会根据资料库的资料不断调整和进步，作出更佳的预测。系统也会通过寻找新的方式来检视持续涌入的资料，引导自己更趋完善。

（4）规则也可以特别设计，允许偶尔出现个别特殊的情况。如此一来，系统就能“学习”各种个人的特殊倾向，并依此调整预测结果。

关键思维

关于即时预测的演算法（软件背后的计算）一直都在进步。云计算（通过网络收集运算资源的能力）也有功劳，现在更容易从不同的来源收集各种事件，并在需要的时候，为规则导向软件提供更多的记忆。视觉化科技也让人们在运用即时资讯、预测运算时，能作出更好且更快的决策。

——维微克·拉纳戴夫　凯文·曼尼

可以说，今天的科技已经愈来愈像人类大脑，只是仍然要靠人类编写程序，机器才会照做。现在，我们还需要告诉机器，该记住什么、忘记什么、发现事情之后该怎么做。机器的运作方式和 20 世纪 40 年代相去不远，只是速度更快、处理能力更强。机器仍然不能完全独立学习，而这显然是下一个挑战，也是最后一个障碍，届时真正优秀的系统就能通过自身学习，提供持续一贯的“两秒优势力”。

科学家正在努力师法人脑的运作模式，试着让电脑更像人脑。这是软件的挑战，而非硬件的挑战。人类大脑约有1兆个神经元，由1万兆个突触彼此连接。这种神经元集合约可容纳1PB的资讯（想象一下，大约是2000万个4层档案柜，装满一页又一页的文字档案）。虽然电脑的硬件规格在不久之后就能赶上这种规模，但人脑还是有几个电脑远远不及的特点：

◎大脑处理资料需要的能量约是10瓦到20瓦，比冰箱里灯泡的用电量还少。而使用2011年的科技，电脑要做相同的运算，大概要消耗一个小城市的用电量。

◎人脑的突触会以多种方式连接资料（比如每个人听到“巧克力”时，反应及联想都有所不同）。再厉害的程序设计师，也不可能将所有这些连接方式都写入电脑的记忆之中。而对人类来说，突触本身会依经验编写自己的程序。也因此，每个人的大脑都是独一无二的。

◎我们很难将“情绪”写进电脑程序，因为根本没人知道该怎么做。

◎人类的大脑连接可以随时进行动态改变——神经元可以迅速改变连接方式，如果某些神经元死亡，大脑就会绕过它重新连接。电脑做不到这点，只要有一个小小的硬件故障，就可能让整个系统瘫痪。

◎电脑无法将资料放进有前因后果的情境中思考，人类则有称为“心智理论”的机制，能够了解事情原委。如果电脑看到一名男子走到女子身边、吻了她，机器的结论可能是：有一个男人碰到一个女人，他们的嘴唇撞击在一起。换作人类看到这份资料，就知道这两个人是一对情侣，他很高兴看到她，依此类推。

◎电脑无法像人类一样理解现实世界。比如电脑无法理解书架给人的感觉或它的用途。电脑看到的任何东西都是数位资料，而人类看到的则是物体的实体。

◎挑剔一点来说，电脑无法完全靠自己找到进步的方式。它们唯一能做的，就是照着预先写入程序的指令来做事。

我们再次重申，能像人类一样思考的电脑，在近期甚至远期，都还不太可能出现。因此，电脑和人类需要共同合作，人类要运用电脑来处理的是电脑最擅长的复杂事物分类和数学运算。

关键思维

除非电脑确实能有人类的心灵，否则它们几乎不可能真正模仿人类心灵。而对于类似人脑的机器，一般大众与其感到焦虑，比较明智的做法反而是拥抱它们。具备一点点预测能力的电脑已经可以解决一些有趣的问题，并改变组织机构的工作方式。在不远的未来，优秀的机器就会变成超级得力的助手，协助人类解决一些最严峻的问题。“两秒优势力”绝不是一时的流行科技，而是机器演进以及机器和人类之间关系的重大进展。

这是一个很让人振奋的时刻。神经科学研究与资讯工程研究搭上了线，彼此互相学习。这种交流将产生新科技，改变政府管理和产业经营的方式。只要是聪明的领导人，就知道要抓住这两秒优势力。

——维微克·拉纳戴夫　凯文·曼尼

三　预测分析

现在，能让企业组织享有两秒优势力的科技已准备就绪。事件驱动的系统变得更精密也更具预测能力。它们的运作方式并不完全像人类的大脑，但预测的表现已逐渐进步。聪明的领导人正精心规划，要好好应用这些功能。在今后 10 年中，几乎所有的机构都将借助预测分析的能力，取得两秒优势力。否则，这无异于拱手让竞争对手取得强劲的竞争优势。

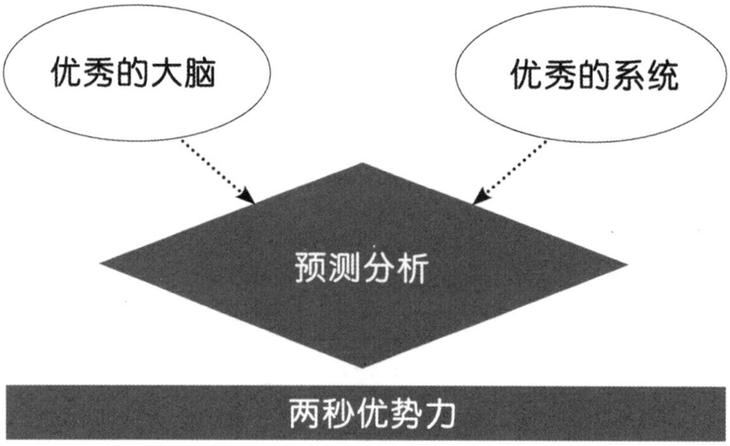

“两秒优势力”的科技已经开始得到广泛应用，未来几年间也会愈来愈流行。精明的领导人已在着手规划改用更聪明的电脑系统，以取得预测能力。简而言之，两秒优势力这项科技可以改写游戏规则，一旦普及，企业便须重新思考经营和运作的方式。

两秒优势力的科技还可以协助解决世界上最重要的资讯问题，例如：

◎全球反恐战争。

通常，有人策划恐怖袭击的时候，反恐部队得到的是一个一个片段的资讯。由于来源太过分散，整合信息、发出警告会是一项挑战。这时，预测分析科技就大有用处。我们可以将几十个甚至上百个不同来源的资料都汇入系统，再订出该注意什么的规则即可——比如“用现金购买机票”、“前往被视为恐怖分子训练基地的地区”等。也可以用恐怖分子的相关资料，找出必须留意的行为模式。一段时间后，系统就能开始预测哪些人可能会做出恐怖袭击。

◎预防流感大流行。

两秒优势力科技也可以用来追踪那些暴露在流感病毒之下的人，而且更为仔细。传统上，流感爆发之前，早就开始蔓延。使用预测分析技术，可能更早发现并在它大举肆虐之前，就对症下药、防患未然。系统可以同时监控多个资料流，并预测需要多少抗病毒药物，以及哪些人应该优先接种疫苗。

在企业层面，两秒优势力也会带来一些有趣的可能性。例如：

◎职业运动员一直喜爱用尖端科技产品。但迄今为止，他们所用的科技产品多半属“回溯”性质——将某个运动员的成绩和其他人做比对。如果职业运动队伍可以使用预测分析来建立模型，然后应用到即时事件上，预测接下来瞬间的情势演变，这将是一个巨大的优势。助理教练可以用平板电脑连接到球队的两秒优势力系统，即时分析对手的场上策略，教练就能马上告诉队员，下一秒可能会发生什么情形，该如何因应并扭转局势。目前，有许多公司都在积极研发类似的系统。

◎一样是在职业体坛，在新人选秀的时候，预测分析会格外有用。它可以根据过去的选秀结果来建立模型，让球队碰到各种即时事件的时候，能有更好的因应措施。对于职业运动队伍来说，只要有一点小小的优势，就可能带来非常长远的实质利益。

◎两秒优势力科技也可以应用到球赛的季票观众身上。系统可以为每个球迷建立模型，为其量身打造出适当的方案，好让他们明年愿意继续购买季票。这还可以延伸至各式各样的营销创意和可能性。

◎谷歌在许多年前，便已开始开发下一代搜索引擎。下一代的谷歌（在公司内部被称为"Serendipity"）不再坐等使用者搜寻某项资料，而是观察使用者的行为，预测下一步可能的需求。这就像有个全职的虚拟助理，或像电视剧《风流医生俏护士》里面总能抢先一步的 Radar O'Reilly 这个角色。你甚至问都不用问，就能得到所需的资料，个人效率也会大幅提升。

◎使用预测分析科技，再搭配电影大品牌美国网飞公司的推荐引擎，就有可能制造出聪明的数码录像机，能知道你爱看什么电视节目，并为你录下节目。从此，你再也不用自己设定录像机了。

◎电子商务公司 Rearden Commerce 已经建构了一套系统，功能如同精明的个人旅行助理。当你预定前往某个城市几天后，系统会帮你查询你可能喜欢的活动是否还有门票，然后在你订机票的时候一并提供给你参考。

◎慈善修女医院已经开发出一种称为“Fitbit”的个人医疗感应器，售价 99 美元，能够追踪你的动作，并将你所消耗的热量和活动量资讯，以无线方式传送到电脑。很快，以后传送的资料也会包括各种生命体征：体温、心跳、血压、氧气量等等。在未来，预测分析系统会考量你个人的健康状况、家族病史等等，为你建立起专属的个人健康幸福模型。这套系统也可以提早发现健康警示信号，甚至比你自己还早发现问题征兆。这听起来可能有点恐怖，但这种系统能在你还完全没有感觉的时候，就告诉你：你快生病了。

◎脸书可以使用预测分析，建立你的社交生活模型，并向你介绍你可能会想认识、想共事，或想合作的对象。它也能告诉你附近有哪些朋友，如同功能加强版的应用程式 Foursquare。只要使用两秒优势力的科技，就能让社交网络更个人化，也更具效率。

◎肯尼亚的微型保险公司“Kilimo Salama”已采用预测分析。它与移动电话厂商沃达丰建立合资企业，以安全方式将电子货币传送到手机上，让肯尼亚偏远地区的农民可以用电子货币来支付账单、购买生活用品等等。农民会为作物向Kilimo Salama投保，预测系统则会使用降雨和其他资料，预测收成情况好坏。如果气候条件使作物无法收成，农民甚至会在作物死亡前便得到保险给付，好让他们支付生活中的各种账单。因为农民有所保障，便可以鼓励农民扩大种植及投资。如此一来，肯尼亚在丰年可以有较好的收成，就算某年作物歉收，农民也会安然度过。

关键思维

两秒优势力科技会带来一些非常巨大的改变，使公司营运更佳、城市更为安全而适宜居住、经济活动更加平稳，它也因为协助预防恐怖主义活动和疾病，拯救更多生命。它也能让日常个人生活得到改善，让我们更有生产力，享受我们的自由时光，也和我们关心的人更紧密相连。现在这个科技还在萌芽阶段，需要一些努力和突破才能完全发挥潜力，但这是未来世界必然的趋势。

——维微克·拉纳戴夫 凯文·曼尼

让我们再回到韦恩·葛瑞斯基身上，一个重要的问题是："预测分析科技或两秒优势力科技，究竟能否帮助我们培养出像葛瑞斯基这样的超级巨星?"在2011年，答案是："可以，但也不可以。"

关键思维

人才是否优秀，重点就在于是否拥有预测能力。神经科学家现在已着手做更深入的研究，现在已经知道练习是发展预测能力的关键。这里的练习必须是刻意的练习或展现，一方面不断增加新资讯和经验，一方面靠着不断重复，系统地强化与技巧相关的心理状态。对于体能类的优秀人才——如打冰球或演奏小提琴——刻意练习或展现是强化肌肉的记忆，让身体来执行心灵所预期的状态。科学家认为，一般普通人必须在几年之间练习大约1万小时，才能得到足以在某个领域成为“专家”的预测能力。至于顶尖的人才——像葛瑞斯基这种人物——则需锻炼他们的预测能力到一定程度，让他们在与人较量的时候，取得“两秒优势力”。

——维微克·拉纳戴夫　凯文·曼尼

这一切代表着，如果你希望自己的孩子能在某个领域发展出独特甚至是世界水准的能力，方法就是：

（1）尽可能在幼年时就让孩子接触各种不同的事物，看看其中有什么是他们自然而然就喜欢做的事。那些最优秀的人才，常常是在很年轻的时候就找到自己爱不释手的事物。尽力帮你的孩子找到他们完全热衷的事物。

（2）尽可能把握所有机会，鼓励孩子发展语言能力。他们要到较大的时候，才会开始对知识加以分门别类，而语言技巧则是重要的基础。鼓励孩子多讲话，也多跟他们讲话。讲话的时候，要记得维持正面的态度。几乎在任何领域，语言能力都和未来的成功高度相关。

（3）学习重复。让孩子一次又一次读同一本书，在钢琴上一次又一次弹同一部曲子，或一次又一次练习同样的运动技巧。身为父母，可能会觉得这实在很烦，但重复正是培养人才的关键因素。请记住，无论什么事，都要有1万个小时的练习，才能达到“专家”的水准。重复，才能培养预测能力。

（4）给孩子机会，尽量让他们重复、刻意练习和表现。这件事情没有捷径。就算那些世界上最优秀的人，能达到今天的成就，唯一的方式就是长时间密集地练习，而且别无他法。

讲到成长期的孩子，这一切都言之成理，但还有一个问题，就是成人的大脑是否也可以同样重新训练。2003年，大脑研究学者麦克·莫山尼奇成立了一家名为“Posit Science”的公司，推广一种称为“大脑健身”的概念。Posit

Science为成年人提供各种听觉和视觉游戏，目的就是重新训练他们的大脑。梅约医学中心和南加州大学在2009年携手研究Posit Science的成果，针对采用这套“大脑健身”软件的使用者进行研究，发现年纪较长者（定义为65岁以上）在使用过后，处理资讯的速度要比同龄、未采用这套软件的控制组快上1倍。

关键思维

随着年纪增长，认知能力下降已经不再是必然而无法避免的事。只要做一些经过适当设计的认知活动，虽然年纪增加，认知能力仍能有所进步。

——伊丽莎白·泽林斯基，加州大学戴维斯分校老年学研究所

换句话说，任何年纪都能够创造出两秒优势力。只要有动机、有决心，任何人都能培养才

能、提升大脑的表现。模仿人脑的电脑科技已在研发的路上，但就算只用现有的电脑，人人也都可以好好利用、让自己变得更聪明。只要努力，人们可以，也应该让自己在竞赛中保持两秒钟的领先优势。

延伸阅读

别让趋势从你身边溜走

亚马逊、YouTube 和苹果凭什么能撼动业界，独领风骚？因为这些公司懂得善用科技优势，预见未来，进一步领导未来。

人人都想预测未来趋势，因为有了前瞻的能力，就能够独占先机。掌握趋势并不是趋势专家的专利，每个行业都有擅长判断趋势的人，因而能在业界独领风骚。

所谓的前瞻力并不会灵光一现、随机发生，而是一项制胜的商业技能，可以经过观察、分析与思考而培养出来。只要你能发现趋势的存在并善加利用，就能创造出商机，成功几率远胜过那些只知道随波逐流，或者拾人牙慧的后知后觉者。

然而如何预知未来，洞烛先机呢？本章提出

了未来趋势的几种特性，包括周期性的变化必然会发生（如经济衰退一段时期后必然会复苏）；过去的线性变化未来也会发生（如全球人口会继续增加）；各种“硬趋势”会继续发展；而各种“软趋势”也在悄悄酝酿。

另外，还必须根据科技进步的8个途径，即去材料化、虚拟化、行动化、产品智能化、全球化以及网络化、互动性及整合等要素，结合自己所从事的产业特性，来一窥未来的业界走向。事实上，今时今日，各行各业都必须善用科技优势，进行产业的改造与转型。正如同亚马逊网上书店彻底转变了人们购买书籍及其他商品的消费模式；YouTube 互动平台取代传统电视台，颠覆了观众的观看经验；苹果公司的 iPod 音乐播放器及 iTunes 线上音乐商店，完全改变了音乐产业一样。

这个时代是名副其实的“瞬息万变”，未来的趋势与你的产业、企业及个人的竞争力息息相关。本章的作者说，摩托车后轮的发动机驱使我们前进，但为我们决定方向的却是前轮。骑过摩托车的人都知道，眼睛朝哪里看，你就会往哪里去。你可能在不停变化的环境中偏离原本熟知的方向。本章教你如何为产业建立新定位，系统地培养自己的前瞻力，向前看、向前走！

好用，才叫设计

The Inmates Are Running the Asylum

Why High Tech Products Drive Us Crazy and How to Restore the Sanity

原著作者简介

亚伦·库伯（Alan Cooper），“库伯互动设计”顾问公司创始人。该公司位于美国西海岸，专门为高科技公司设计互动式产品。库伯在设计和开发消费型软件产品上有超过 20 年经验，是公认的“Visual Basic”程序之父，也因而获得了微软颁发的“Windows 先驱者奖”这个让人梦寐以求的殊荣。库伯经常在软件设计师的集会上发表演说，并广泛参与该领域的各种基金会和学会。

本文编译：王约

主要内容

关键词解读

互动设计

通过对产品的使用界面和功能进行互动设计，让产品和使用者之间建立良好的互动关系，并且因此有效达到使用者的目标，这就是互动设计的目的。从使用者的角度来说，互动设计是一种如何让产品易用、有效且让人愉悦的技术。良好的人机界面设计可以激发消费者的购买欲望与对产品的忠诚度。如苹果公司的 iPod 与整合式电视节目录放像系统 TiVo，都是人机界面互动设计出色的实例。许多人认为 iPod 的成功之处，在于简易而直觉的操控界面以及使用情境的塑造，而这正是互动设计所专注的重点，也就是如何让人与科技产品或服务的互动经验更美好与友善。

苹果电脑的共同创办人史蒂夫·沃兹尼克昔日曾被问到 PC（个人电脑）缺的是什么。他回答："缺乏人性化的使用界面，无法让人直觉地使用。科技产品应该像汽车一样，插上钥匙就可以开。"苹果电脑以友善的使用界面闻名，著名手机厂商诺基亚的产品也一直强调"科技始终来自人性"，他们成功的关键，不仅是在既有产品中不断加入创新的元素，而且都能从对"人性需求"的考量为出发点。

苹果产品的使用界面之所以不会令人感到畏惧，是因为苹果内部有一套哲学：使用者界面原则，苹果产品屏幕上任何一个图标应该怎么放、放在哪里，都是经过仔细思考的。苹果运用的图形使用者界面大大减少了人与机器之间互动的难度，难以亲近的电脑最终变成了每个人生活的一部分。苹果让电脑的使用者从专家走向平民，证明互动设计不只是研发产品中的一项环节，也能反过来领导营销。

目标导向设计

目标导向设计是要确切了解使用者的目标，让自己得以做出能够创造价值的产品。针对产品的效用来进行设计，就表示要从使用者的目标出发来看待生活，这往往会带来崭新的契机，能够设计出有创意的新系统。要让这些系统和使用者互动，最理想、最有效的方法就是设计既好相处又体贴的使用界面。过去的电脑业都把时间与精力集中在如何减少晶体的数量、增加运算的速度上，而要使用者自行输入难学又难记的程序指令是唯一跟电脑互动的办法，此时苹果电脑推出按钮、图标，就是一种将复杂的科技转换至清晰可行、人们容易使用的解决方案的方式。

现今大多数的网站一味追逐酷炫的网页效果，用大量资料塞满整个页面，却没有考虑到用户体验。谷歌回归公司的核心与使用者的需求，在主页面上只留下一个搜索栏。简约的界面设计、强大的搜索功能，两者相辅相成，因此深受大众喜爱。谷歌舍弃华丽的页面，始终专注于核心功能，而页面设计适当地表现了谷歌重在搜索的公司理念。少了复杂的功能面，更能凸显使用上的简便容易。

英国家电品牌戴森创办人詹姆斯·戴森重视生活用品方面的创新，他认为设计不是单指外观，更意味着如何让东西更完美地运作，也就是设计应该以使用者需要的功能为出发点。著名的戴森吸尘器，在设计时所有的思考源头都从一个家庭清洁者的需求出发，不但功能新颖强大，而且使用简单。戴森的设计就是要让一般人可以直接使用，尤其很多打扫家里的人都是上了年纪的长者，产品更不应该复杂到在使用时还得看说明书。唯有对使用者的动机及目标有适当回应，才能创造给使用者更佳功能及愉悦经验的互动产品，进而提升消费者忠诚度。

5分钟摘要

互动设计的重要性

很快，我们制造出来的每一项产品几乎都加进了电脑科技，可是这些“全新升级”的产品往往比“非智能型”的旧版难用，那是因为使用者和科技装置之间的人机界面是由工程师而不是由设计师所开发的。工程师的想法跟对科技一无所知的普通人南辕北辙，因此最后的结果就会变得好像是让疯子去管理自己也被关进去的那家精神病院一样。

别再要求使用者去学习如何使用产品，反而是必须要改变这种情况，按照一般大众的思考模式来开发更优质的产品。只有这样，新产品才能完成提升使用者生活品质的使命。

唯有将设计人机界面的责任，从工程师的手中转移给学有专精的设计师，这样的改变才会真正实现。

关键思维

互动系统不是非得不人性化不可，可是要防范这个问题产生，就必须修正我们的研发方法，让最终使用产品的人成为最主要的考量点。我们应该改变的最重要流程，就是要在开始写程序之前，先完整设计互动产品。我们该做的次要改变，就是把设计的责任，转移到训练有素的互动设计师身上。

哈佛和斯坦福的企业管理硕士生，通常都不会在个案分析中学到设计的重要价值。设计是否优良对产品能否成功有着举足轻重的作用，即使对工业时代的产品来说也是如此，但那时要做好设计还比较容易。更何况，工业时代的产品已行之有年，大家对于问题和解决方案也都已经很清楚。到了信息时代，在这个充满快速创新和认知冲突的时代，设计更是第一要务。

——亚伦·库伯

一　颠覆软件设计

与其要求消费者变成“电脑通”，高科技产品设计人员反而应该花更多时间和精力，开发出好用、有效率、更加优质的电脑人机界面。

简单来说，目前的电脑工具对于人类而言实在太难用了。

应用电脑的产品总是不够好用，因为这些产品在开发时所运用的设计流程就是错误的。很多高科技公司会不断在自家产品中加进新的功能和设计，只为了跟竞争对手互相攀比，结果却产生了副作用，使产品变得更加复杂，制造了一大堆几乎用不到的功能。

这个问题已经变得愈来愈棘手，因为电脑和其他各种产品融合的程度与日俱增。比方说：

◎当你把电脑和汽车结合在一起，就会得到

运作起来像电脑的车。

◎当你把电脑和银行结合在一起（例如提款机），就会得到像电脑般运作的银行，也就是必须完全遵照规则来操作，否则交易就会遭拒，即使那些规则在特殊情况下完全不实用也一样。

那么，为何还有那么多高科技产品会这么难用？原因很简单：

（1）人机界面大多出自偏重电脑特性和需求的程序员之手，而不是出自现实环境中贴近使用者需求的经理人。

（2）程序员的主要目标是尽量让研发过程愈简单愈好；而使用者则希望科技装置使用起来既简单又方便，双方的诉求点相互冲突。

（3）程序员最常使用的参考架构，大多来自另一个偏重科技的程序员，这些人完全不了解大多数人的想法跟他们有天壤之别。

（4）大多数软件开发专案都把设计使用界面

的工作交给程序员，等到发觉他们的喜好脱离了消费者的喜好时，要再改变什么却已经来不及了。因此，让一般消费者觉得软件使用起来轻松愉快，就成了下次升级任务的目标。

（5）下次升级时，已经有一大群经验丰富的使用者改变自己的行为模式，去配合第一代软件的任意限制。研发人员现在面临了一个抉择，要么就研发出更自然、更接近直觉的使用界面，不顾那些辛苦学习旧版软件的使用者；要么继续研发使用起来更不自然的界面。大多数专案都会自然而然偏向既有的软件使用者，因此不良设计就会再延续到未来几代产品，迁就于习惯，而不是考虑好不好用。

大多数软件常常是无心插柳的结果，设计者自己并不打算未来要使用这些软件，他们反而爱用其他更强大的工具。

要了解、说明并且最终解决上述问题，必须懂得下列新词汇：

◎认知冲突——人类智慧在面对随着问题变化而改变的一套复杂规则时，就会产生这种抗拒心理。举例来说，电脑键盘中有些按键在输入资料时代表一种意思，用来当作系统指令时却是另外一种意思。

◎互动设计——这种软件开发流程会自然顺从人的思考模式，而不是强迫大家改变行为，后者无异于硬要匈奴王阿提拉披上阿玛尼西装一样格格不入。

之所以很难设计出好用的软件界面，问题就在于许多消费者为了获取使用软件的效益，都宁愿容忍设计不良的界面。事实上，消费者多半会因为他们的使用经验不足而受到指责。现在几乎每一种产业都会按照下列方式来归类其使用者：

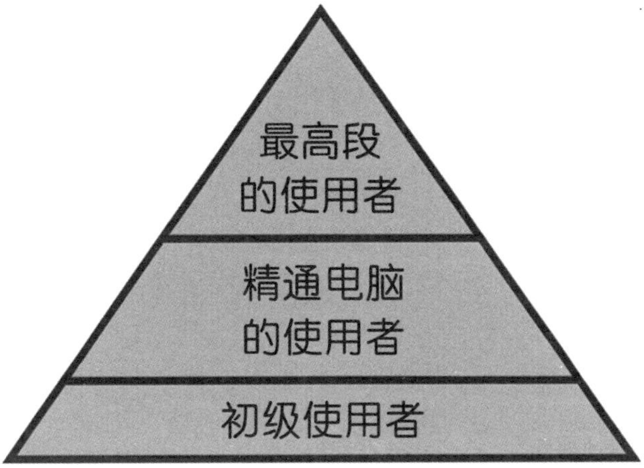

新产品研发人员要面对的挑战，并不在于增加最高段的使用者，也不在于增加精通电脑使用者的人数，而在于让产品使用起来更自然、更接近直觉，消除这三类使用者之间的区别。

关键思维

我们才刚离开工业时代，现在仍带着过时的工具站在信息时代的门槛上。在工业时代，工程师有能力解决每一个迎面而来的新难题。靠着钢铁和混凝土，他们做出了优异的桥梁、汽车、摩天大楼和登陆月球的火箭，让使用者深感满意。

随着我们踏进信息时代，我们逐渐着力于软件研发，而且再次把重责大任交给工程师。但是跟以往不同的是，结果并未尽如人意。电脑的运算能力快速而强大，程序上也大致可靠，可是我们却见到了气馁、不满意、不高兴又没有效率的使用者，而且规模之大前所未见。

要想为使用者同时带来强大功能和乐趣，就必须先思考基本概念，再考虑使用者行为，最后才去考量使用界面。

过去，机械装置愈复杂，操作者必须接受的训练就愈多。信息时代改变了一切，现在连一般外行人都必须会使用复杂程度远高于我们父辈那个年代的科技产品。

——亚伦·库伯

二　设计不良的产品所造成的高成本

电脑软件有几项独特的特性，使产品很难设计得很好用，包括：

（1）常常没有合理的方式可以判断一个软件到底开发到什么程度才算是完成，因此就会随便拟定截止时间和产品功能表。

（2）设计出好用的产品常常和设计难用的产品一样容易，但是只要能达到功效，就很少有人肯花时间再好好想一想，让软件“难用”的原因是什么。

（3）设计良好的产品或服务可以激发出极高的顾客忠诚度，这能够帮助企业度过初期成长阶段。

电脑软件开发专案最常运用的是截止时间和

产品功能表，而不是周全的设计原则，原因就在于：

（1）大家都懂得帕金森定律——研发工作会把所有可以用的时间都用光，因此大家会硬性规定一个截止时间，设法避免这种倾向。

（2）企业比较重视的是能够赶快在市场上推出商品（最好可以抢在对手出手之前），而不是开发出成功的商品。换言之，大多数经理人会觉得能准时推出失败商品，总比晚于原定时间才推出更有安全感。

（3）软件程序员喜欢在功能上讨价还价，借此把产品不成功的责任归咎于经理人。他们会明确说明在上市期限内可以加进哪些功能，哪些功能又会来不及加入。这样，万一产品一败涂地，他们就有代罪羔羊，可以指责经理人不给他们时间加进关键要素。

（4）企业广泛采用逐步改良的做法，而没有在事前就充分了解使用者的真正需求，大家都认定未来的升级版可以满足他们的需求。

（5）企业往往让“堪用”的原型先上市，而不是用原型去吸取经验，借此再开发出真正的产品。结果，许多产品到最后之所以基础不够扎实，就是因为它们都是被当成商品出售的原型软件，原本它们只是要用来当作学习的过程。

一般来说，只是根据截止时间和功能表来界定软件研发专案，做出来的产品或许可以及时上市，却无法让使用者满意。比较理想的做法应该是，根据品质、实用性和使用者满意度来界定专案作业。从这个角度来看，成为市场先驱其实没有那么重要；最重要的是要推出优质、设计精良的产品，这样不仅能创造价值，更能让使用者满意。

那么，“好用”的软件和“难用”的软件到底有什么差别？可以参考下面的例子：

◎消费型录放像机早已推出二十几年了，可是大多数使用者还是有40％以上的几率无法成功录下自己想看的节目，这真是糟透了，就算不断再加进新功能也没用。

◎电子邮件软件仍旧无法让人有效追踪过去相关主题的邮件往来，反而把每一封邮件都当作个别事件，使得大家不得不一再反复加进之前沟通过的内容。

◎目前没有哪种软件可以帮大家把时间有效分配给各个专案，管理个别专案的软件是有，可是却完全找不到可以帮大家同时处理多项专案的软件。

◎日历软件总是非常善于安排会议开始时间，可是却无法像真人一样定出会议结束时间。这些软件也无法考量从一个会议场所到另一个会议场所所需要的实际时间，而这么基本的元素一般人是不会忽略的。

◎网络软件不需要任何复杂的安装程序，而且很容易使用，几乎人人都爱。事实上，任何软件都可以省略掉安装的复杂性，还可以一样容易使用，只要程序设计师愿意这样设计就行了。

很多软件程序之所以很难达到“使用方便”的标准，是因为：

（1）不论你是高手还是新手，这些软件的运行方式都一样。

（2）这些软件只能达到研发人员认为重要的效果，而不是使用者真正想要的作用。

（3）这些软件无法在出现状况的时候发出警告，只有到完全失效时才会发出警告信息。

（4）这些软件缺乏弹性，也无法根据情况转变来调整程序。

（5）这些软件不让人改变主意然后复原，也不允许犯错。

这其中的关键就是，大多数人都认定，现有的软件之所以会这么运行，一定有其道理，然而事实上根本就没有什么道理，只是某些程序员的个人偏好而已。而如果有人指出改进的可行性，往往只要再多那么一点远见，就算是原本负责的程序员也十分乐意把软件做得更好。

企业只要着重于优质的设计原则，就能激发出极高的顾客忠诚度，而这样的忠诚度往往能带动一家公司成功应对草创时期的挑战，让企业可以持续茁壮成长。

为了成功，大多数的高科技产品都会在 3 大特质上寻求平衡：

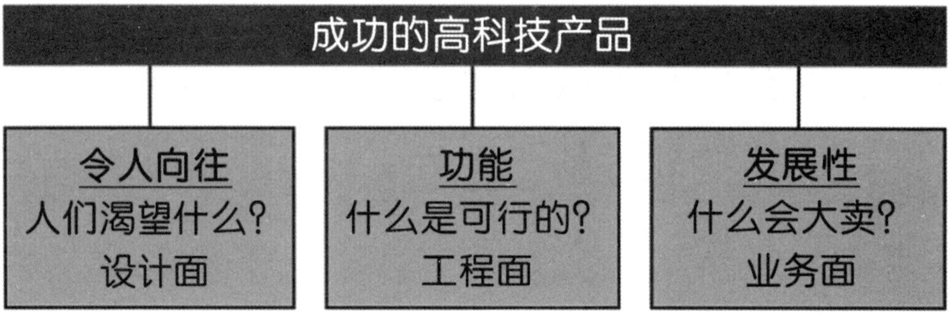

要能长期成功并且成为成长中企业的根基，产品必须具备下列条件：

（1）做大家渴望并重视的事情。

（2）做到制作精良以及功能良好。

（3）能销售出去并且获利。

假如你的基本营运模式，是先判断哪些要素

会让顾客引颈期盼，然后驱策工程师设法制造出这种产品，并且驱使业务人员找到有效方法来营销和销售，你就能成功。

更重要的是，这种经营模式能带来非常大的竞争优势，可以胜过那些只想模仿其他人的企业。锁定未被满足的消费需求，以及消费者最大的渴望，你就能明显地从众多对手之中脱颖而出。

关键思维

我所共事过的专案经理人，大多宁可准时推出失败商品，也不愿冒险延期。

能创造价值并满足使用者需求的优质产品，永远都会有市场。

花 3 个月推出让使用者感到生气和气馁的产品，并不比花 6 个月推出让使用者满意的产品更高明，这点任何一个生意人都心知肚明。一项产品在市场上不知道是胜出还是失败，是经理人心底最深的恐惧之一。不能判断产品完成与否，则是另一个恐惧。撇开“跟目标电脑合作无间”等老套宣传台词，经理人通常无法清楚看出，究竟该具备哪些条件才算是最终的完成产品。

比尔·盖茨曾用少见的嘲讽口吻说，要做出对使用者友善的软件，你就去刻个橡皮图章，然后在每个软件产品包装盒上盖上“对使用者友善”几个大字就好。他无意间随口说的方法，竟然成了电脑业实际采取的做法。

从短期来看，人会受到需求的强烈影响，可是从长远来看，人的渴望会造成更大、更深远的影响。人们的基本需求被满足之后，总是会浮现出深层次的渴望。当一个人有需求时，会想办法得到它；而当一个人有渴望时，则会永远对它忠诚。即使明知是非必要的花费，人们仍然会去买让自己开心的东西，而且不见得会进行理性判断。当消费者渴望一个产品或品牌时，他们的忠诚度就是商场上最强大的力量之一。

顾客忠诚度对明智的企业来说是一项极具价值的资产。

功能并不会像最关键的解决问题能力那样，为使用者带来助益；增加功能也不会像最关键的解决问题能力那样，带来有助益的效果。在充满设计不良产品的市场上，增加功能并不能创造更广大的市场区隔。

——亚伦·库伯

三　为何高科技产品在过去一向设计不良

许多高科技产品的设计之所以让使用者觉得非常愚蠢，是因为：

（1）产品的设计通常都交由科技专家负责，而其实他们是最不适合做这件事的人，因为他们所接受的训练，都是如何运用工程学的方法解决问题。

（2）软件工程师的行为和思考跟普通人不一样，这主要有 4 个方面：

①他们会为了要控制而牺牲简易。

②他们会为了要深究而牺牲成功。

③他们会为了要可靠而牺牲可能。

④他们的行为就像爱较劲的高中生。

（3）软件工程师喜欢把写程序当作天职或自

认为有一个同行圈子，而不是将写程序视为一项事业。

许多高科技产品之所以和使用者格格不入，最主要的原因就在于人类和电脑之间的差异：

电脑	人类
速度奇快	慢吞吞
不犯错	容易犯错
彻底的决定论	不理性
没有感情	情绪化
刻板	会推论
绝对按部就班	不按常理出牌
可预期	无法预期
完全不去分辨是非	讲道德
愚笨	有智慧

为了让软件设计周全、使用方便，程序员在写程序时会迎合电脑的需求。可是，使用者唯有在软件符合人性需求时才会感到满意，而这项需求就得靠互动设计师来处理。管理阶层的挑战，就是要让双方合作无间。

因为大多数企业都无法充分满足人类的需

求，于是它们就花大部分时间想办法说服大家去适应它们的软件，而不是把软件设计得更贴近使用者的期待。

纵然许多工程师都曾试图通过工程学的方法来解决这种格格不入的问题，但是问题依旧存在。今天，认知冲突比过去任何时候都要严重，这也意味着工程学的方法可能就是造成问题的原因之一，而不是问题的解决方案。倘若确实如此，那么光靠工程师显然无法解决问题，我们必须采取完全不一样的观点。

要想解决这种格格不入的问题，最重要的就是要体认到，电脑程序员对我们生存环境的观念，和我们截然不同。

电脑程序员的观念，和我们使用者主要有以下 4 点不同：

①他们会为了要控制而牺牲简易。

程序员非常喜爱复杂性，只要给他们机会去控制状况，他们乐于熟悉极端复杂的系统。而大多数人看重的是简易，复杂的事情宁可让别人代劳。

②他们会为了要深究而牺牲成功。

程序员总是贪得无厌地想要深究各种事物的运行方式。而大多数人着重于追求成功，而且只要能够达到预期的效果，就算他们不知道运行方式也无所谓。

③他们会为了要可靠而牺牲可能。

程序员活在非黑即白的世界，是就是是、非就是非。而大多数人对灰色地带都处之泰然，事情大部分时间都会按照计划进行，只偶尔有超乎预期的偏差出现。

④他们的行为就像爱较劲的高中生。

程序员喜欢向朋友和同侪炫耀自己掌握复杂电脑系统的能力，事实上，他们瞧不起其他拒绝努力学习的人，觉得这些人的头脑不如自己。然而，大多数人从高中毕业之后就不再有这种心态，而是去面对现实世界的种种问题。

基本上，大多数程序员把写程序当作崇高而神圣的工作。他们认为软件研发人员是一个同行圈子，写程序还是一种进入圣堂的特权，赋予他们不同于世俗的神秘力量。简言之，很多程序员视自己的工作为一种天职，而不是一种事业选择。

程序员都很擅长执行互动，却非常不善于设计互动。然而，在大多数情况下，程序员都被要求身兼两职，结果当然是成败参半。这并不表示新产品的研发都是在赌运气，只是说明我们需要不同的做法。

四　解决方案：目标导向设计

“目标导向设计”这个流程，可以用来研发并推出以人为本的高科技产品。

目标导向设计流程会运用到3项关键工具：

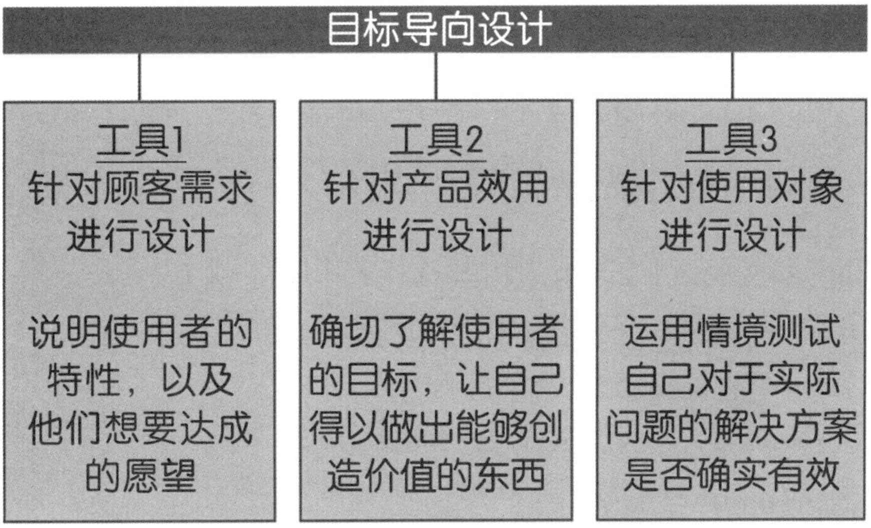

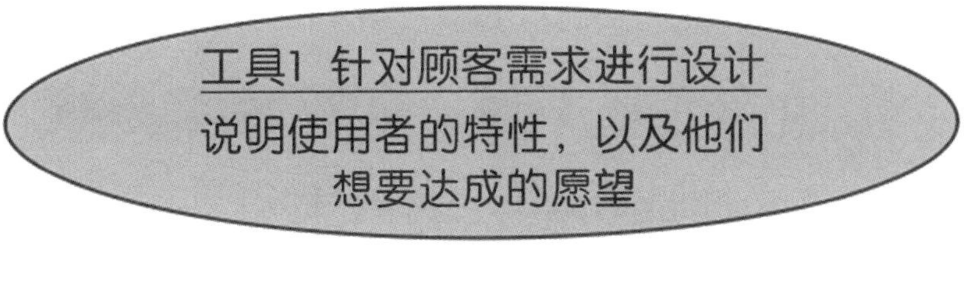

如果你去接触实际使用者，询问他们的需求是什么，他们常常无法清楚说出最好的解决方案，因为他们不知道目前有哪些选择、未来会有哪些方案可行。

因此，比较有效的方式就是去设计“顾客性格”，也就是假设或想象某些顾客类型，再针对这些顾客类型进行设计。对这些顾客性格的描述愈精确、愈详细愈好。

进行设计的过程中常会出现一种吊诡的现象，那就是如果你想设计出能符合所有人需求的东西，最后就会做出四不像的失败产品。然而，如果你只针对一个人来进行设计，就能想出符合多数人需求、令人爱不释手的东西。顾客性格善用了这种吊诡的力量。

换言之，与其设法让市场上所有人都只给你的产品打 50 分，还不如让市场上 25％的人给你打 100 分，这样成功的几率要大得多。

举例来说：

◎登机行李箱原本是针对航空公司机组成员设计的，可是一般旅客很快就被登机行李箱的好处深深吸引，大量购买这种行李箱，造成了整个产业的革命。

◎3M公司的工程师亚特·佛莱研发出便利贴，用来解决他自己在唱诗班时遇到的问题。如今他为了解决自己的问题所想出的方案，已经成为有史以来最广为使用的办公用品。

因此，要针对各项新产品创造出数种顾客类型，然后设计产品来满足他们的特定需求。你可以找人扮演多种类型顾客，通过辩论去了解，增加或删除某些功能，作出取舍，借此进一步调整这个过程。

工具2 针对产品效用进行设计

确切了解使用者的目标，让自己得以做出能够创造价值的东西

目标是大家进行特定任务的理由，换句话说，目标明确指出了预期的最终结果，而任务则是最后达成结果的必经过程。

大多数人都会有以下几种目标：

（1）个人目标。

·不要觉得自己笨。

·不要犯下会让别人嘲笑的错误。

·要能完成足够多工作。

·要尽情享受人生。

（2）事业目标。

·要提高获利。

·要提高市占率，打败竞争对手。

·要扩充规模，雇请更多员工。

·要让公司股票上市。

（3）实际目标。

·要尽量避免开会。

·要有效处理客户的需求。

·要为公司建立试算表模式。

从广义来说，大家在实现个人目标之后，才会着重于达成事业目标，而实际目标能够将公司目标和员工个人目标连接起来。

“目标导向设计”认为，互动设计师应该深入分析目标，借以找出能够切合并达成目标的解决方案。用这样的方式来设计产品和服务，功能面的效果才会获得应有的重视。

有趣的是，许多研究者发现，最有效的营运系统在当初设计时，目标就是要让这个制度像亲切的人。换句话说，良好的营运系统会让人觉得共事起来“有礼貌”又“好相处”。

那么，怎样才会让人觉得软件“好相处”？

· 它会记得我喜欢什么、不喜欢什么。

· 它会确实服从我的指令。

· 它做出的成果符合我输入的指令。

· 它会给我提供其他有用的资讯。

· 它具备常识判断的能力。

· 它会预测我的需求，并准备好采取有效行动。

· 它会在我做改变时加以因应。

· 它不会给我留问题，可是会倾听我的问题。
· 它消息灵通，只要一有替代方案就会告诉我。
· 它能敏锐察觉我的需求，而且会有所回应。
· 它很有自信，不需要我为它打气。
· 它能保持专心，不会问一大堆问题。
· 它会顺我的心意，允许不按常理出牌的动作。
· 它会立即给我意见并让我感到满意。
· 它非常值得信赖，而且绝不泄密。

针对产品效用进行设计，就表示要从使用者的目标出发来看待生活，这往往会带来崭新的契机，能够设计出有创意的新系统。要让这些系统和使用者互动，最理想、最有效的方法就是通过既好相处又体贴的界面。

这就是“目标导向设计”的核心。

工具3 针对使用对象进行设计

运用情境测试自己对于实际问题的解决方案是否确实有效

情境是设计界面时非常有效的方式。简单来说，情境就是用各种不同的顾客类型（工具 1）去操作界面，看看界面是否符合各种顾客类型的目标（工具 2）。

以下是 3 种情境：

（1）日常使用。

日常使用的情境通常只有一两种，可以借此看出大多数人在大部分时间里使用这项应用的方式。

适合在这种情境下使用的界面，必须具备下列条件：

· 设计完整，有充分的支援，而且刀枪不入。

· 能够让人快速而有效地上手。

· 能够利用捷径等工具让操作更简便。

· 可以改变设定，让使用者自行调整以符合个人的需求。

（2）必要使用。

这种情境包括偶尔必须使用，但不会是那么

常出现的状况，其实通常只会派上一次用场。

适合在必要情境下使用的界面，必须具备下列条件：

- 设计完整，能有效达成各种要求。
- 不一定可以改变设定。
- 不一定要各种花哨的附加功能。

（3）特例。

这种情境包括所有可能出现的特殊状况。程序员非常热爱这些状况，可说是嗜之如命，因为他们的程式必须要能加以处理。设计人员大多不在乎这种状况，因为这种情境中的例外，能创造的价值微不足道。

另外还有一些有用的设计概念，包括：

（1）调整界面。

要做到这点，就要将会在日常使用情境派上用场的功能置于显眼的位置，而将其余功能统统放到次要位置。这样界面就可以更简化、更整齐，不会给人凌乱的感觉。

（2）永久的中级使用者。

想象一下有3套技术组合，分别给初学使用者、中级使用者和专家级使用者。每个人都是先从初学者起步的，所以这个界面应该就将以此作为初阶的使用状况。但这只是个过渡期，使用者最终会变成中级或专家级。程序员自然都会针对和自己一样的专家开发产品，营销人员往往锁定初学者，可是对大多数产品来说，最大宗的使用者永远都是中级使用者，而界面设计应该就要满足这个族群的诉求。

（3）词汇。

当来自不同专业领域的人合作进行一项设计专案时，最好能开发出共通的用语，如此可以因误会而影响生产力。

针对使用对象设计界面往往可以把不必要的功能从界面中剔除，创造出简单、直接的界面。在设计界面时，少即是多。

如果现实和实用性能够在设计流程的后段才

去考虑，而不是先考虑这些事，目标导向设计流程的成效会更好。程序员和工程师都生活在务实环境中，而且会觉得无法摆脱这样的心理障碍。互动设计师会以怀疑的态度去检视各种既定观念，而且明白就算一种思考方向会走进死胡同，这个过程还是可能揭开潜藏的契机和意料之外的可能性。

认为任何事情都有可能，就可能设计出突破性的产品：

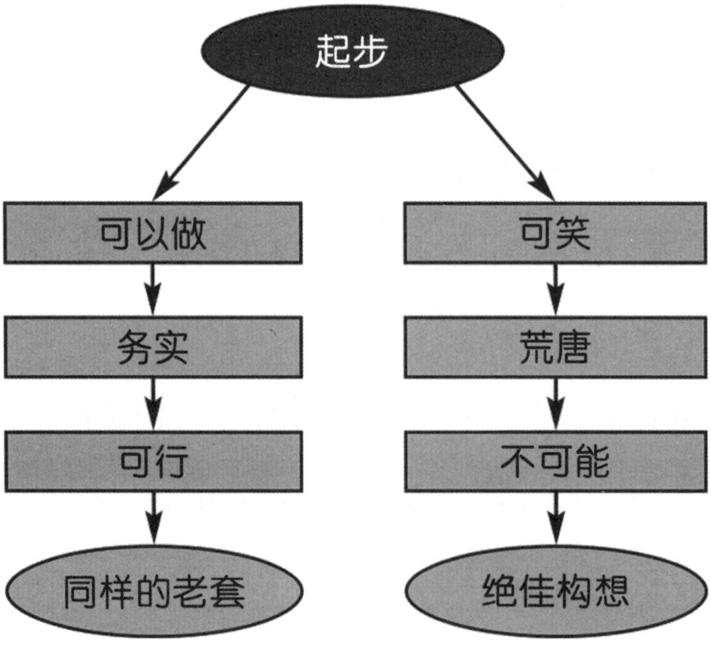

关键思维

沿用当初造成问题的思考模式，是不可能解决问题的。

——爱因斯坦

我申请专利的每一项应用，几乎全都因为“理所当然”而被打回。

——亚伦·卡普，电脑科学家

大多数人都无法了解程序员对电脑到底有多着迷。学习电脑的难度，只会强化程序员的成就感。他们的兴趣之高，导致他们想都没想过别人可能并不觉得有趣，因此他们会把他人的挫折感，解读为能力不足，而不是兴趣缺失。

——强纳森·柯曼，库伯公司互动设计师

造成不人性化现象的原因并不是科技本身，而是人或者说是人所采用的流程，制造出不人性化的产品。

从事互动设计有时会令人非常气馁！身为设计师的你，如果能做出实在、彻底又大受欢迎的设计，大家看到后都会说："当然要这样啊，不然还能怎样!"即使设计师两眼发直、束手无策、脑袋空空，好几个月、甚至好几年下来都想不出解决之道，大家还是会这样说；即使我们的解决方案为公司赚进数百万元，大家也还是会这样说。大多数具有真正突破性的概念进展，在事前都并不明显，事后看来却理所当然。要在设计中看见突破，困难的程度令人难以置信，你可能接受了充分的训练并准备充足，再花上许多小时研究问题，却依旧找不出解答。然后出现了某个人，提出了关键的见解，结果答案就会豁然开朗，和轮子是圆的一样理所当然。如果你大肆宣扬这个解决方案，别人就会说："轮子当然是圆的，不然会是什么形状?"就是这样，人很难炫耀良好的设计成果，因而感到气馁。

只有未全力投入的人，才会设计出不切实际的东西。我们常常发现，限制都是想象出来的，而且是你自己加诸在自己身上的。除非你跳脱出来，否则是看不清限制的。

——亚伦·库伯

五　有助于让产品设计精良的策略

除了目标导向设计，下列策略也可以用于设计出更精良的产品：

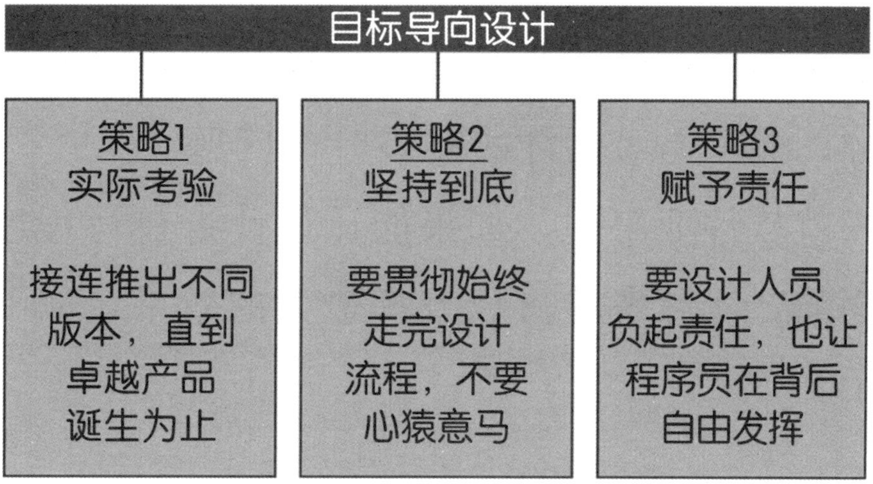

策略1　实际考验

接连推出不同版本，直到卓越产品诞生为止

一试再试，也就是接连推出不同版本的产品，让后浪推倒前浪，确实是良好设计的其中一项要素。然而，这不表示你应该仿照微软的做法，匆匆推出不完整的产品，认为反正等到4年或更久之后，会出现可行的产品。除非公司能够承担得起巨额的资金浪费，以及消费者和竞争对手多年的奚落，这种做法才行得通。

要进行实际考验，就必须采用明智的做法。通常必须让设计成为整体研发流程中不可或缺的部分，而不是事后才去想设计的问题。

就软件业来说，如果能让设计走在写程序阶段之前，实际考验可以发挥最大的效果，如下图所示：

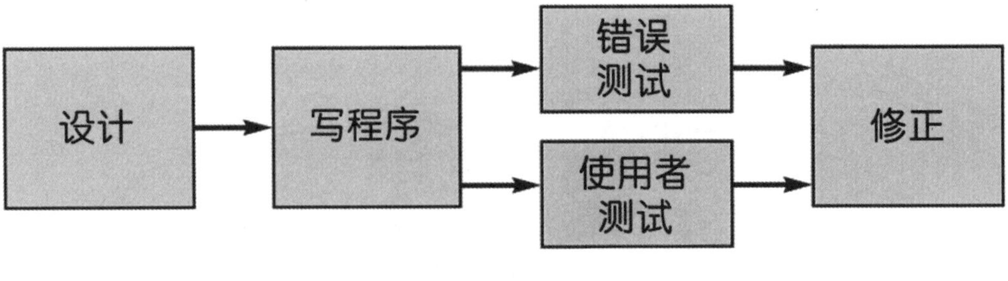

唯有让设计流程走在写程序前面，才有机会

仔细而用心地建构起界面。写程序是一项极为困难的活动，应该放手让程序员全心做好他们最擅长的事情。他们完全没有受过设计的训练，所以最好别要求他们扮演设计人员的角色。

要注意的是，实际考验的做法不是在建议企业应该彻底省略设计方法，靠随机应变的做法来顺应市场，期待着迟早会想出能够真正为界面创造价值的设计。而是应该通过实际考验的方式，持续修改和提升设计精良的界面，永远不停止追求卓越的努力。

策略2 坚持到底

要贯彻始终走完设计流程，不要心猿意马

部分企业以顾客导向而感到自豪，甚至使这些企业所做的任何改变，都是为了因应某位顾客的要求。这么做的问题是：

◎顾客永远不会考虑你长期的最大利益，而

只会考虑他们自己的。

◎顾客不知道如何帮你设计产品，因此也无从得知自己可能错失哪些未来可行的功能。

这类以顾客为导向的问题有以下几种解决方案：

（1）如果使企业无法保持长远的发展方向上，那么企业必须勇于回绝有利可图的短期交易。

（2）对于自家的产品和服务，企业必须全权负起责任，不能把责任丢给无形的对象，比如“市场”。

（3）在接连推出的各代产品之间，企业必须预留充分时间，让设计工作能够好好进行，不要将设计和写程序等工作重叠在一起。

（4）如果企业能够跟日常的市场需求拉开一点距离，就能保有自己的优势。企业应该在这方面展现能力和专业，一如其他方面一样。杰出的设计人员应该：

- 参与业务，而不是冷眼旁观。
- 详细记录自己的设计。
- 跟程序员合作，而不是竞争。
- 在流程中从头到尾与营销人员密切合作。
- 在事前规划上与经理人密切合作。

设计人员应该如何进行科技开发计划？有个绝佳的营运模式可循，那就是好莱坞的制片流程。制作电影是一个3步骤的流程：

（1）前期制作。

发展故事情节、募集资金，以及事无巨细地规划每个镜头。

（2）拍摄制作。

开拍，拍摄各个画面。

（3）后期制作。

完成剪辑，准备营销工作，并做最后的收尾工作（例如配音等）。

前期制作阶段的重点是要让花费最昂贵的阶段——也就是接下来的实际摄制阶段——尽量缩

短。在前期制作阶段花愈多时间准备，摄制阶段会浪费的时间就愈少。

同样，在设计上花愈多时间，实际开发产品或服务所需的时间就愈少，设计会提升组织中其他各个营运方面的效率。

策略3 赋予责任

要设计人员负起责任，也让程序员在背后自由发挥

要让设计要求变成每个人都必须遵守的蓝图而不光是提议，唯一的办法就是要设计人员为产品的品质负起责任。

如果由设计人员负责去了解，产品在使用者眼中的外观和感觉如何，那么程序员就可以不必烦恼设计的问题。事实上，这还可以鼓励程序员去开发潜藏的创新功能。

设计往往只被当作属于技术人员或程序员的技能组合，而事实上这是两种截然不同的领域。

唯有将这两者加以区分，才能清楚说明彼此的差异。

让互动设计成为开发流程中的关键部分，有下列几项好处：

◎你可以创造出具有原创效用的产品，因为这些产品不是按照过去由程序员主导的开发流程来设计的。

◎绝佳的互动设计会提升顾客忠诚度。

◎在实际开发阶段之前先排入设计阶段，可以缩短后续开发所需的时间。

◎可以让共通的设计主题浮现，而不是靠碰运气或尝试错误来设计产品。

◎坚守严谨的设计原则可以减少反复尝试的次数，及早推出完善、具有商业品质的产品。

◎少制造几个版本的产品可以降低开发成本。

◎产品和服务会更容易使用，顾客满意度也会因此提升。

关键思维

有人说过：“是人就会犯错，可是要靠电脑，才有办法全盘搞砸。”效率不佳的机械系统会让你在做每一个零件时浪费几毛钱，可是不良的信息处理流程却可能让你赔上整家公司。软件产品以及制作产品的工程师，会对你公司造成巨大的影响。可惜，我们的数码工具都非常难以学习、使用和理解，也往往使我们无法达到目标，白白浪费了金钱、时间和机会。要做出更优质的产品并不需要更长时间，也不需要花更多成本。讽刺的是，数码工具不见得非得难以使用，之所以会那样只是因为制造产品的流程落伍，必须有所改革。只要在制造电脑产品之前，先经过设计这个简单而便捷的程序，我们就可以创造出成效极佳又让人满意的软件产品。和一般观念相左的是，我们却还没有这样做。互动软件产品的设计是一项专业，挑战性不亚于制作出这些产品。

——亚伦·库伯

巴菲特论经营

Warren Buffett on Business

Principles from the Sage of Omaha

原著作者简介

理查·康诺斯（Richard J. Connors），毕业于美国圣母大学及圣路易斯大学，有执照的投资顾问，开设了康诺斯投资管理公司，2006 年起在密苏里州圣路易斯的华盛顿大学终身学习中心，讲授沃伦·巴菲特的投资及经营策略。

本文编译：黄玩

主要内容

主题看板

巴菲特论经营

巴菲特给人的印象，通常都是股神和首富，其实，巴菲特在经营管理上，也绝对称得上大师级的人物。巴菲特所掌管的伯克希尔·哈撒韦控股公司，旗下拥有 77 家企业、员工数近 30 万名，能管理为数如此众多、体系如此庞大的事业群，足见巴菲特在经营事业上，有他独到的看法和深厚的功力。拥有这么多家不同的企业，巴菲特采用的首要原则就是找出对的人选，并且充分授权。伯克希尔在进行购并之前，会评估该公司经营团队的能力与操守，这也是巴菲特决定投资的关键之一。一旦决定买入一家公司，巴菲特绝对信任原来的经营团队，不会派人空降，并且充分授权，让首席执行官以自己的方式管理公司，不会动辄要求他们到总部报告绩效。尊重经营者的做法也让巴菲特在购并谈判时，握有较高的胜算，并且可以用较低的价格买下别人的公司。

巴菲特认为，用人要看 3 个特质：诚信、聪明和活力，其中最重要的就是诚信，如果没有诚信，另外两项特质会毁了自己。当他收购内布拉斯加家具店时，并未要求查核公司的账目，只问负责人罗斯·布鲁姆金女士这家公司值多少钱，隔天就把支票交给她，这点让她和该公司的主管们相当意外。布鲁姆金女士后来问巴菲特为什么这样做。他回答，他对布鲁姆金女士的信任更甚于自家的会计师。巴菲特让麾下的主管都拥有充分自治权，他们可以像经营自己的事业一样去管理这些公司。正因为巴菲特用人首重诚信，才会给他们这么大的自主空间。

另一起事件也可展现出巴菲特对诚信的重视，1991 年伯克希尔旗下所罗门兄弟公司的交易员，违法冒用客户名字投标美国国债，酿成重大丑闻，引发外界严重质疑该公司的诚信。巴菲特临危授命接下董事长的重任，写了一封公开信，要求将各种违反法律和道德的事情都上报给他，甚至为此留下自家电话。历经 10 个月的整顿，巴菲特最终成功挽救了这家公司。

巴菲特的经营策略也反映出他的高度自律和冷静性格，他勤读企业财报、慎选投资标的、只相信自己的知识经验，而且不投资复杂的产业。如果巴菲特无法预测某公司未来的绩效，就不会贸然投入。这也是为什么他不愿投资没有任何获利纪录的公司，不曾获利的公司就像是投手还没有投出的球。如果投资一家没赚过一毛钱的公司，无异是买一个希望，指望这家公司未来可以赚钱，但这样的期望却可能永远不会实现。

巴菲特时时把股东放在第一位，他认为如果企业无法有效运用股东的资金，就应该将资金还给股东做更好的投资。伯克希尔年年打败大盘的绩效表现，正是巴菲特忠于股东托付的最佳证明。许多华尔街的企业会使用有利的会计准则编制报表，来掩盖企业的真实财务状况。对于这种情况，巴菲特也有他的对应策略，重点就在于如何在退潮之前，就找出谁是裸泳的人。这句话的意思是，当公司赔钱时，许多企业的首席执行官总会寻找借口、推卸责任，让自己避开无能的罪名。一个不能负起责任的首席执行官，已失去当领导者的资格，自然应该被撤换。巴菲特从不会忘记，伯克希尔公司的股东才是真正的老板，他必须为股东剔除不胜任的首席执行官。

巴菲特能在投资上获得巨大成功，其实也要归功于他在管理上的付出。在经营方面，他主张保守稳健，从长远角度思考，并时时以股东为念；在领导方面，他强调诚信，给予经理人尊重与授权，而且懂得激励员工。巴菲特具有多种身份，他不但是股神，也是首富，更是一位管理大师。

5分钟摘要

巴菲特模式

想学巴菲特投资，买伯克希尔·哈撒韦公司的股票然后抱着就可以了。然而，巴菲特目前为止投资上市和未上市企业已经有超过50年的经验，想必对于企业应该如何管理有他独到的看法。这些智慧的结晶，大多包含在伯克希尔·哈撒韦公司的年度致股东信之中。追根究底来说，运用巴菲特的方法经营事业，就要：

◎和员工与股东沟通，并公平一致地对待他们。

◎实行负责且合乎道德的公司治理方法。

◎建立公司的价值，要有耐心并且坚韧不拔。

◎对自己的工作抱持热忱并乐在其中，但永远要勇于坦然承认错误。

关键思维

巴菲特的伯克希尔·哈撒韦企业经营模式，大小企业都适用，所有企业主管、创业者还有商学院学生都应该拜读。去芜存菁之后，有效的企业管理——也就是巴菲特模式——其实是相当简单明了的。他形容自己的经营原则是“简单、老套而且寥寥可数”。

——理查·康诺斯

一 股东

永远把股东当作合伙人，而把自己当作执行合伙人。担起管理责任，使其成为你日常经营中的一部分。

经营事业最佳的方法，就是时时保持长远眼光。身为持股人，不要只把自己的投资当作一张纸，抱到增值之后就把它卖掉，而应该想象自己是一家企业的合伙人，打算永远和它共存共荣。要以这家公司的长期发展来衡量自己的成功，而不是每天的股价波动。

如果你是企业经理人，明智的做法是把股东当作事业合伙人。想象你的持股人将他们的资金长期托付于你，所以你应该将他们当作家人对待。为了使自己保持这种看法，最好让你个人的财务前景和你公司的财务前景同步。当你把自己大部分财富投资于你所管理的公司，两者的发展将最为一致，如此当你的股东合伙人赚钱，就代表你也赚到了钱，而且比例和他们完全相同。伯克希尔公司从创立之初就抱持这种观念，该公司经营者巴菲特和查理·芒格将他们个人绝大部分的财富，都集中投资于伯克希尔。他们不会一方面要求股东投资，一方面却把自己的钱投入其他地方，也不会想要争取高额薪酬或低于市价的认股选择权。他们的经营心态是："你们苦，我们也苦；我们旺，你们也会旺，而且我们绝不会采取不当的薪酬制度，让我们多享好处、少受坏处，而破坏了你我休戚与共的关系。"

关键思维

虽然我们的公司形态是股份有限公司，我们却是以合伙公司的心态经营。芒格和我将股东视为合伙人，而视自己为执行合伙人。我们并不把公司本身当作事业资产的拥有者，而是当作股东拥有这些资产的渠道。首席执行官必须担起管理责任，使其成为日常经营中的一部分，并且把股东当作合伙人而不是傻瓜。首席执行官该为所当为了。

优先要务是，我们所有人都必须持续、积极地保卫伯克希尔的声誉。我们无法做到真正完美，但是我们可以尽力达成完美。我们可以承受金钱损失，即使是巨额的金钱，但是我们无法承受声誉的损失，即便只是一丁点的声誉。我们必须持续评量自己的一切行为，而标准不只是合法与否，更必须视当某位不友善但有智慧的记者撰写有关我们的报道并刊载于全国性报纸的头条新闻时，我们能否感到高兴。

我们的很多股东只拥有我们的股票，而我们非常重视这一点，对话主义在我们的文化之中已经根深蒂固。这是个极为稳健的公司，跟大多数其他公司比起来，我们也更有能力抵抗灾难。我们不会像其他公司那样冒那么大的风险。

——巴菲特

二 文化

妥善经营公司，让它能够在未来有企业主想出售自己的杰出事业时，成为“最佳买家”。要从长远角度思考，并据此行动。

伯克希尔公司的企业文化非常稳固，具有十分与众不同的特色：

◎伯克希尔每一次购并其他企业，都不会制订“退场策略”，而是会买下整个经营业务，以永久持有为目标。

◎伯克希尔收购某家公司时，会让其经理人继续经营该公司，而巴菲特、芒格等人的干预会尽量降到最低。

◎伯克希尔鼓励其股东从长远角度思考，因此该公司完全不担心每季的获利，获利是多少就是多少。该公司希望大部分的股份，都能由即使辞世也依然持有的投资人所拥有。因此该公司期许子公司的首席执行官都能尽力创造最大的长期价值，而不是担心下一季的获利。

◎伯克希尔不会要各事业首席执行官采取一致的营运或资金配置政策，他们可以全权选择最适合自己需求的政策。

◎伯克希尔无论在任何状况下都不会恶意购并，该公司通常会用现金购买经营业务，但是在少数情况下会考虑发行股票。

◎伯克希尔非常保守，该公司不聘请顾问，也不想赶上最新的潮流，并且坚持公开、透明的传统经营风格。

关键思维

我们长期以来对外宣称的目标，就是在众多企业之中，尤其是由家族建立及拥有的企业中，成为“最佳买家”。达成这个目标的方法，就是让自己真正值得这个称号。这表示我们必须坚守我们的承诺；避免用购并来进行杠杆操作；授予经理人外界少见的自主权；同时不论状况好坏都要继续持有所购并的公司（虽然我们更希望状况变得更好）。

我们过去的表现可以印证我们的承诺。然而大多数买家会以不同的方式和我们竞争，对他们而言，收购只是一种“买卖”。在签署购并合同的墨水尚未干掉之前，这些操盘者就已经在盘算“退场策略”。因此如果我们遇到的卖家真正关心自己事业的未来前途，我们就会享有显著的优势。

——巴菲特

为何没有更多企业和投资人仿效伯克希尔公司的模式？这是个好问题。我们的经营方式为我们带来很好的成效，看看我们、我们的经理人和我们的股东有多么乐在其中，应该会有更多人仿效我们。这样做并不困难，只因为它是不同于主流的做法，所以看起来很困难——这并不是一般的经营方式。我们的日常开支很低，没有每季的绩效目标和预算，也没有标准的人事制度，而且我们的投资也远比平均值更为集中。就是这么简单，这么平凡无奇。

——芒格

三 治理

建立健全的公司治理架构。组成强大的董事会，监督首席执行官使其为经营状况负起责任，确保所有制衡措施都能发挥效用。

企业经营最糟糕的状况，就是让董事会沦为首席执行官的橡皮图章。董事会制度的目标是由一群人代表股东监督首席执行官，要他们对经营表现负责。董事会成员应该能做到这一点，而且其个人利益也应该和一般股东一致。

理想的董事应该具备4项特质：

（1）必须真正的独立——也就是说他们担任董事所得到的报酬，应该只占自己年收入的一小部分。若非如此，那么他们一定会因为既得利益而配合首席执行官的一切作为，以确保自己的收入。

（2）必须对该公司感兴趣——如此他们才会自己深入挖掘公司面对的各种问题，而不是完全依赖管理阶层提供的分析。理想的董事应该时时亲自去探查，并且主动了解状况。

（3）必须以股东为念——如果董事能够用自己的资金，买进至少100万美元的公司持股，最能做到这点。如此一来，董事的表现就比较像企业主（这是有益的）而不是外部顾问（这是比较不乐见的）。

（4）必须具有经营方面的聪明才智——如此才能在可疑迹象浮现时察觉到。当经理人提出不明智的购并案、当大家在讨论过分的薪酬方案，还有当经理人在没有支援的状况下提出莽撞的行动方案时，董事会必须要有判断的能力。

在健全的企业中，独立董事应该能在首席执行官不在场、也未参与讨论的情况下召开集会，讨论公司的进展。伯克希尔公司经常鼓励这种状况，董事会也会讨论万一现任首席执行官因为种种原因而无法尽职尽责，要由谁担任临时首席执行官。这种接班计划会定期更新，并且可以即时实施。

关键思维

如果有才干却又贪心的经理人得寸进尺，把手伸进股东的口袋，董事就要警惕起来。

长期下来，企业经理人配置资金的能力，会大大影响一家公司的价值。真正杰出的企业，几乎都能够创造高于内部使用所需的资金（至少在度过草创阶段之后是如此）。企业当然可以借由股利或是买回股份的方式，把这些资金分给股东，但是首席执行官常常会去问规划策略的幕僚、顾问或是投资银行，看看是否应该进行购并。这就像你问你的室内设计师，是否需要买张5万美元的地毯一样。

——巴菲特

四　经理人

当你买下一家企业，也同时买下了其中的经理人。只跟自己喜欢并且欣赏的人一起工作，这样一切就会顺利。

伯克希尔购并一家企业的初衷是期待原来经营该公司的团队想要留下，并且真的留下来。巴菲特形容这是在雇用想要“自己画出一幅画”的人，而不是从总公司派人空降过去，告诉他们该用什么颜色。同样，如果你要进行购并，也应该寻找拥有强大的管理团队、经营良好的企业，并且计划如何让这些人在未来持续用心投入，并感到满意。

当你拥有优秀的经理人，要这样加以善待：

◎给予应有的称赞及肯定——尽量找机会告诉他们，他们表现得很好。当一个有见识的观察者，在真正有功的时候把功劳归于他们。

◎公平对待他们——不要想用任何方法、名目或形式占他们便宜。巴菲特说：“我们身为企业主，基本目标就是做到像我们希望股东如何对待我们那样对待我们的经理人。”

◎给他们行动的自由——让他们自己设定大方向、创造和追逐他们看中的商机，并采取他们认为合适的做法。不要在事后批评他们。

关键思维

因此当我买下一个生意的时候，我通常会将其经理人一起带过来，因为我并不知道如何经营那个生意。所以当有人想要出售他们的生意时，我必须直视对方，然后判断他们爱的到底是钱还是生意。爱钱并没有什么不对，但是他们还得爱自己的生意。

我们的经理人缔造了超凡的成果，靠的是相当普遍的做法，只不过他们把这些做法做得极为杰出。我们的经理人会保护自己的经销权、控制成本、寻找可以用现有优势发展的新产品和市场，而且他们从来不会分心。他们在自己生意的各项细节上努力经营，而成果大家都看得见。

——巴菲特

如果我们每个人都雇用比自己弱小的人，我们就会变成侏儒大会。但是如果我们都雇用比自己强大的人，我们就会成为巨人公司。

——大卫·奥格威，奥美广告创办人

我认为，人应该为自己敬重的企业和人士工作。只要你身边有能让自己有所收获的人，而且你又喜爱自己的组织，就一定会有杰出的成果。我的建议是，绝对不要因为你觉得这家公司现在很糟，但可能 10 年后会变得很棒，或者是因为未来的收入会是现在收入的 10 倍，就贸然进到这家公司。如果你今天无法乐在其中，10 年后大概也很难。

我们的经理人专注于拓宽经济护城河，而且

表现非常杰出。理由非常简单，他们对自己的事业具有热忱。通常在我们加入之前，他们已经经营了一段相当长的时间，而我们的唯一作用，向来都是不要妨碍他们。

——巴菲特

五　沟通

公司的状况应该永远保持公开透明。充分揭露所有事实，不论好、坏或不好也不坏。要给大家提供他们所渴望的信息。

公司讯息揭露的黄金准则，就是要给股东提供那些如果你自己是股东也想知道的消息。如果你是企业经理人，给股东提供坦率真诚的公司长期前景评估，会比在年报上塞满顾客、重要人员、工厂或产品的照片要重要得多。舍弃由公关部门或顾问提供的宣传用语，用你自己的话把状况一五一十说出来，大家自然会有所体会。

关键思维

它的名字是“年报”，不是“年度文宣”，更不是“年度管理目标展望”或其他名称，就叫做

“年报”。

——巴菲特

如果你坦率直言，股东会因此而喜爱你。许多管理阶层会在年报上报喜不报忧，大量使用“预测”损益表、大谈无意义的 EBITDA（税息折旧及摊销前利润），或是加上一大堆晦涩难懂的注解，大家对这样的年报已经十分厌倦。你应该知道，每当你大肆宣扬未来营收预测时，其实都是想让股东忽略你现阶段差劲的经营成效。

关键思维

在当下，芒格和我并不知道我们的事业明年会赚多少钱，我们甚至连下一季会赚多少钱都不知道。经常宣称自己可以预见未来的首席执行官，我们会有所存疑，而如果他们持续达成自己宣告的目标，我们更会毫不掩饰地表现我们的怀疑。经理人若总是承诺要“达成预估数字”，总有一天会捏造数据。

——巴菲特

伯克希尔公司非常为人称道的一点是会通过年度股东大会，让股东有机会接触巴菲特和芒格率领的这个高阶管理团队。问答时间超过5个小时是常有的事情。这是经理人与股东沟通的黄金准则，也是非常民主的信息传播方式，因为所有人都能同时听到这些消息。该公司不会另外推出分析师简报等其他类似的活动。

关键思维

我们会坦诚地向各位提出报告，着重于攸关企业价值评价的利弊得失，而基本方针是如果我们因彼此角色互异想知道哪些经营实况，就把这些实况向各位报告，不会有所隐藏。不仅如此，我们公司旗下拥有重要的传播通讯事业，因此如果对各位所做的报告，达不到正确、平衡和清晰的标准，可以说是不可原谅的。我们也认为，诚实对于身为经理人的我们也是有利的，欺瞒大众的首席执行官，最后也可能会欺瞒自己。

——巴菲特

六 购并

进行购并时，应该先了解相关的经营者，其次才去了解该企业的状况。找出你愿意支持的对象，然后全力支援。

伯克希尔公司以成功的投资公司闻名，其成长来自于收购其他公司的股份，而不是自己制造或销售商品。以下举出几次带动伯克希尔成长的关键收购行动：

◎伯克希尔在 1983 年用 6000 万美元，买下内布拉斯加家具店。该公司由罗斯·布鲁姆金创立，她是俄国移民，23 岁移民到美国时还不会说英语。她花了 16 年存下 500 美元，然后用这笔钱在内布拉斯加州一个人口 70 万的城市奥马哈开了一个家具店。布鲁姆金通过不懈的努力，让该店单凭一间 2 万平方米的店面，年营收就达到1亿美元。布鲁姆金在1993年12月3日满100岁，并且仍然到店里工作，一周7天，每天从开张工作到打烊。

◎伯克希尔在1976年以4000万美元，买下政府雇员保险公司一半的股份，然后又在1995年以23亿美元买下另一半股份。该公司首创业界之先，通过直销来销售保险，而不是像其他保险公司实行了很久的方式那样由保险经纪人来销售。该公司自伯克希尔购并之后，就一直保持强劲的增长势头，如今是伯克希尔投资组合中绩效稳健的事业。

◎伯克希尔在1998年同意和通用再保险公司合并，该公司为其他保险公司提供保险服务。伯克希尔所不知道的是，通用再保险证券对于衍生性金融产品涉入甚深。衍生性契约是一种金融工具，要求资金在未来某个时间点转手，金额多寡取决于一种或多种参考指标，如利率、股价或币值。衍生性金融产品要求，在告知对方要偿付的时候就必须支付款项，因而其未来的最终价值几乎无法用传统方法来计算。因此，巴菲特形容衍生性金融产品“对交易者和整个经济体系来说，都是定时炸弹”。伯克希尔于是着手释出通用再保险公司的衍生性金融产品业务，后来在 2002 年初冲销其超过 2 万 3000 项的衍生性金融产品，将它结束掉。这造成伯克希尔光是在 2002 年的税前损失就有 1 亿 7300 万美元，2003 年的税前损失有 9900 万美元，而伯克希尔最终的税前损失达到 4 亿 900 万美元。

关键思维

在我们看来，衍生性金融产品是金融业的大规模毁灭性武器，可能带来致命的危险（虽然目前还在潜伏当中）。现在，衍生性金融产品的精灵已经跑到瓶子外面，而这些工具在种类和数量上几乎一定会倍增，直到发生某些事件让它们的毒性发作为止。到目前为止，这些契约所带来的风险，各国央行和政府都还无法有效控制，甚至无力监管。

——巴菲特

七 风险

企业经营总是会有风险，不要想避开它，这是不可能的。你只要确定，自己所承担的风险有充分的收获。

伯克希尔从事再保险业务。简单来说，该公司就是销售保险给其他保险公司，使其在万一发生灾难事件的时候，能够降低自己的财务风险。这是一门好生意，因为再保险大多能创造高额获利。然而该公司迟早必须支付巨额理赔，唯一的问题就是会在什么时候，因为这是无法避免的。

要成功经营保险事业，尤其是再保险事业，有3项关键原则：

(1) 必须保持在自己的能力范围内——并且只承担自己了解并有能力确切量化的风险。在进行风险评估时，要确定所有的相关因素都已经纳入评量。

（2）必须拒绝任何会威胁你公司未来清偿能力的风险——即便是由许多不相干的风险所累积的。要确保你不会承担看似不相干，其实却有关联的多重风险，因而危害你公司未来的健全发展。

（3）必须完全避免道德风险——不要想和坏人做好生意。试图和不道德的人做生意，代价通常非常昂贵，有时昂贵到你负担不起。

只要严格坚守上述3项原则，就不会明知不可为，却依然承担过高风险。同样，只要你确定即便发生了最糟的状况，自己的清偿能力都还是足以履行承诺，而且承受这个风险能够带来相当的收入，那么承担风险就没什么不好。

关键思维

除非芒格和我觉得可以得到相当的收获，否则我们连微小的风险也厌恶承担。我们承担风险的程度，顶多也就像偶尔会吃过了保质期一天的乳酪。

我们有为单一事件损失60亿美元的准备，前提是如果我们因为承受风险而获得了相当的收入。然而如果价格无法反映我们评估的损失几率，我们连极小的投资、授信单位也不愿意承保。相对称的价格无法保证特定年度的获利，但不对称的价格却几乎可以确定会在最后造成亏损。近来投保率因为大量资本流入有重大风险的市场而下降，因此我们大幅降低自己的投资、授信。我们的这种行为和我们在金融市场应用的模式相同：在其他人大胆抢进的时候要谨慎小心，而在其他人谨慎小心的时候则要大胆抢进。

在伯克希尔，我们相信芒格的格言："告诉我坏消息就好，好消息自己会浮现。"这正是我们期待经理人向我们报告时的表现。当你发现自己陷入洞中，最重要的事情就是停止往下挖。

——巴菲特

八　薪酬

你当然可以依据绩效支付报酬，但也一定要在经理人的表现和他们的报酬之间，建立直接的关联性。要做到简单、公平。

高层主管不合理且过分的薪酬条件，在今天已经见怪不怪，是该改革的时候了。你当然可以在他们表现好的时候，提供丰厚的奖励，但是薪酬条件也必须考虑到公司的经济潜力和资本密集程度，才能算是合理。只因为首席执行官来上班就给他支付酬劳，实在是荒唐可笑。

关键思维

上市公司把几乎所有的薪酬制度都说成符合管理团队和股东的一致利益，这在目前蔚为流行。在我们的报告中，一致的意义是休戚与共，而不是只占好处。很多“利益一致的制度”都通不过这项基本测试，只是狡猾地表现了“正面我赢，反面你输”。利益不一致的状况，常见于股票选择权，这种方案往往没有定期提高行使选择权的价格，以反映出保留盈余会让公司的财富持续增长。事实上，10年期选择权、低股利再加上复利，可以为毫无工作表现的经理人，带来相当丰硕的收获。愤世嫉俗的人甚至会注意到，如果减少付给股东的股利，拥有选择权的经理人就能获得更多利润。我还没看到有哪份要求股东认可选择权制度的委托书，就这个至关重要的因素提出详细说明。

——巴菲特

在伯克希尔所制订的薪酬制度中，经理人最高可以得到基本薪酬5倍的激励奖金。巴菲特和芒格真心希望他们的经理人能赚到这些奖金，因为如果他们获得奖金，就表示他们所属的企业做出了绝佳绩效。然而伯克希尔也对绝佳绩效有明确的定义。经理人若在艰难的逆境中有所成就，就会好好加以奖赏，然而若是搭上顺境的顺风车，而不是靠自己的努力，则不会给予同等的奖励。

有的企业会以公平之名，想要提出和其他公司相同的过高薪酬条件，伯克希尔对此也特别防范，这种说法对巴菲特来说根本不合理。伯克希尔并没有聘请任何薪酬顾问，也无法想象有任何情况会需要聘请他们。公司所有高层主管的薪酬条件都简单易懂，也都符合伯克希尔希望各个高层主管达成的目标。

关键思维

大多数经理人都光说不练，反而选择采用给你很多胡萝卜而少给棒子的薪酬制度（这种方式几乎一定会把股本当成免费的资本）。对真正杰出的绩效给予丰厚的报酬并没有错，但是如果绩效不到杰出的程度，董事就该大声疾呼：

“少领一点!”如果近年来膨胀的报酬变成未来薪酬的基准，那是一种扭曲。薪酬委员会应该再从长计议。

——巴菲特

九　时间

在行程表中安排反省和思考的时间，不要以为自己必须随时都在做事情。把步调放慢下来，专注在重要的事物上。

关键思维

我们两个都坚持，每天要有很多时间完全只用来思考，这在美国企业界并不常见。我们会阅读和思考，因此巴菲特和我跟大多数商业界人士比起来，阅读和思考的时候比他们多，做事的时候比他们少。我们会这样做，是因为我们喜欢这种生活。

——芒格

虽然巴菲特已经是全世界最大投资公司的领

导人，也是世界上最富有的人之一，他的行程却很空。他不会每天从上班到下班都排满会议，也不会坚持听取冗长的简报。在大多数的状况下，他都是在自己的办公室阅读。

在平日，巴菲特会阅读约 5 份报纸和大量年报、10K 年报和 10Q 季报。依据他自己的推测，他每天会花 75％到 80％的时间阅读，剩余时间则是通过电话买卖股票及外币等。

关键思维

曾经有位股东问巴菲特如何运用自己每天的时间，他回答说大部分都在阅读和打电话。“我就是在做这些事。查理，那你都在做什么?”芒格回答：“这个问题让我想起我在二战时候的一个朋友，他隶属一个无事可做的部队。有一位将军找我这位朋友的长官，我们就称他葛罗兹上尉吧。将军说：葛罗兹上尉，你都在做什么？他的长官回答：什么事也没干。这位将军非常非常生气，转过头问我朋友说：那你在做什么？我的朋友回答说：我负责协助葛罗兹上尉。”这就是对我在伯克希尔工作状况的最佳诠释。

——理查·康诺斯

我从巴菲特身上学到很多东西，其中有些事情是可以用言语表达的，例如认真检视自己的行程表，尽可能拨出空闲时间。我很喜欢看巴菲特拿出行程表时的神情。

——比尔·盖茨

去年在哈佛商学院，有位学生问我打算什么时候退休，我回答：“大约在我死后的5年到10年。”伯克希尔是我的初恋，这份爱永远都不会消逝。

——巴菲特

我要告诉你一个秘密：谈生意比工作更吸引人。谈生意令人感到振奋而有趣，而工作则令人生厌。经营事业主要是大量令人生厌的细部工作，而谈生意则是浪漫而迷人的。这就是为什么会有一些根本不合理的交易。

——彼得·杜拉克，管理大师

在我们的研讨会当中，我会告诉新进人员田纳西大学社团的学生帮我们发掘克雷顿房屋公司的故事。我这么做，是仿效一位农民，这位农民带着一颗鸵鸟蛋走进鸡舍，然后责备他的鸡群说：“各位大小姐，不是我爱抱怨，不过这只是竞争对手生产的一个小小样品。”到现在为止，我们的新人都还没有带来任何生意，但是他们已经很清楚自己人生的使命。

——巴菲特

十　危机

万一你发现自己身陷危机，要立刻勇敢面对坏消息、承担责任，并且努力采取一切必要措施。

伯克希尔在1987年买进所罗门兄弟公司7亿美元的可赎回特别股，使伯克希尔成为所罗门的最大股东。有位34岁的交易员在1990年12月和1991年2月，未经授权私自交易美国政府公债，引发轩然大波，所罗门的董事长、总裁和内部法律顾问纷纷遭到解雇或自动请辞，而巴菲特则在1991年8月18日被指派担任所罗门兄弟公司不支薪的董事长。

同样在1991年8月18日，美国财政部宣布将禁止所罗门参与美国政府公债拍卖的竞标。4小时之后，经过巴菲特的密集游说，财政部撤销了这项禁令。他之所以能游说成功，首先是完整揭露这件事的所有事实，接着提出新的控管措施，确保未来不会再发生同样的问题。

关键思维

首先我要对造成这种状况的行为致歉。国家有权要求规定和法律获得遵守，而所罗门确实违反了某些法令。我希望员工问自己，是否愿意看到任何自己考虑要做的行为，出现在明天当地报纸的头版上，让他们的另一半、孩子和朋友都看到。如果他们落实这项测验，就不需要畏惧我告诉他们的另一件事情：如果让公司损失金钱，我可以谅解；但是让公司损失一丝一毫声誉，那我就会变得冷酷无情。

——巴菲特

巴菲特暂代所罗门兄弟公司董事长 10 个月，在这期间，他做了下列几件事：

◎建立规定和流程，避免任何欺诈交易再度发生。

◎在董事会设立法规遵循委员会以监督执行成效，由巴菲特任命自己担任该公司的首席法规遵循官。

◎建立2亿美元的准备金，以支应和解、罚款和罚金等需要。

◎改造该公司的薪酬制度，更强调要依据绩效给薪。

◎指派新任首席执行官、法律顾问，最终指派新任董事长。

到巴菲特卸下代理董事长的时候，所罗门有效地挽回了其作为成功投资银行的地位。巴菲特的做法，成了知名企业处理危机的指导原则。

关键思维

当我——一位每天喝5罐樱桃可乐的满意消费者，在1989年宣布我们买入价值10亿美元的可口可乐股票时，我曾经形容这个举动是“口到哪里，钱到哪里”的极端例子。而当我在去年 8 月 18 日被选为所罗门公司代理董事长时，又是不一样的状况：钱到哪里，口到哪里。

——巴菲特

十一　原则

着重于股本报酬，而不是每股盈余。绩效是卓著还是平平，差别就在于此。

管理团队是否卓越，真正的评判标准就在于他们由所投资的股本赚得多少报酬。借着投入更多资金来赚得更多报酬，对经理人而言不是什么了不起的成就。卓越的经理人会持续找出更理想的新方法，为公司的股本赚得更优越的报酬。

伯克希尔在判断是否要购并一家公司时，会依据4项标准：

（1）必须是可以理解的事业。

（2）必须具备长期看好的前景。

（3）该公司一定要具备有能力且值得信任的管理团队。

（4）价格必须合理。

关键思维

真正卓越的事业，必须具备长久的“护城河”，以确保所投资的资金可获得优异报酬。资本主义的运作，一定会出现竞争对手不断侵犯任何赚取高报酬企业“城堡”的情况，因此必须具备难以克服的障碍，比如低成本的制造者（如政府雇员保险公司、好市多公司），或拥有强势的世界性品牌（如可口可乐、吉列、美国运通），才能常保成功。商业史上充满了昙花一现的企业，它们的护城河不堪一击，很快就被跨越。

——巴菲特

巴菲特常说，他和芒格努力为伯克希尔达成4项目标：

（1）保有高水位的现金准备、适度的短期负债以及数十种获利及现金来源，借以维持伯克希尔的财务状况。

（2）协助伯克希尔旗下各事业体扩大竞争优

势，大力保护各事业体的护城河。

（3）取得并发展各种新的获利来源。

（4）扩张并深化伯克希尔拥有的杰出经理人团队。

关键思维

我们每一个事业的竞争优势，每天都在以无数种方式减弱或增强。如果我们让顾客满意、删减不必要的成本，并且改良产品和服务，我们就会取得优势。我们的行动每天产生的效果不容易察觉，然而日积月累下来，成效却是无穷的。

伯克希尔的所有权结构，使得即便是最顶尖的经理人，也都还能更有成效。首席执行官的工作往往会伴随着仪式性、没有实效的活动，我们首先会将这些活动加以排除。我们的经理人对于自己的行程拥有完全的自主权。其次，我们会交付每位经理人一项简单的任务，就是要把所经营的事业，当成：

（1）你 100％拥有的企业。

（2）是你和你的家庭从现在到未来唯一会拥有的资产。

（3）至少在一个世纪之内，不会将它卖掉或是合并。

我们把产品的品质奉为神圣的圭臬。

——巴菲特

十二　行为

只要把自己服务的公司当作自己完全拥有的公司，那么你就会有好的表现。优秀经理人应该是他们公司的管理人，而不是想要尽量多赚薪水的掠夺者。

企业领导人常常都会批评，政府花纳税人的钱，态度跟花自己口袋里的钱不一样，然而企业的管理阶层往往也会掉入同样的陷阱。伯克希尔成功避免了这个问题，因为巴菲特和芒格拥有伯克希尔约47％的股票，因此他们获得的是股东的投资报酬，而非经理人的薪酬。

不适任的首席执行官想保住自己的工作，其实会比能力不足的部属要容易许多。例如，如果有一位基层打字人员宣称自己每分钟能输入80个字，结果每分钟却只能输入50个字，那这个人的谎言马上就会被揭穿，然后遭到解雇。相对来说，不适任的首席执行官却能长时间保住工作，因为没有具体指标可用以评量其工作绩效。举世皆知，董事会非常不懂得淘汰绩效不彰的首席执行官，因为大多数董事会都会出现非常友好的气氛。如果董事会批评首席执行官，就会被认为没有礼貌，而且会对公司造成伤害。

很多上市企业的首席执行官也非常善于操作营收数字，刻意使股价维持在高档。这通常是因为错误的观念所致，以为首席执行官的职责就是要一直尽量炒高股价。所以重整费用会被硬塞进某一季，而不是用比较合理的方式，分好几年摊销。把所有坏消息全都挤在同一季之内，这样未来几季的绩效就可以通过操作显得较高。

首席执行官在评估可能的购并案时，也很容易分心，忽略核心业务。这样可能会使公司一味追求购并可能带来的大量现金挹注，而忽略掉可以使原有业务自然成长的明显方法。这些新的购并案最后往往变成大灾难，而和该公司核心业务相关的重要问题，则会遭到忽略。

首席执行官预测公司未来的成长率是欺骗而危险的行为，而这些昭然若揭的企图可能会造成麻烦。在内部讨论努力的目标当然很好，但是如果首席执行官倾公司之力去达到特定的成长率，就会产生各式各样的问题。最起码，首席执行官可能会为了达成数字而采取浪费资源的营运操作，或是把某一季营收转移到另一季，以达到预定的绩效。篡改纪录和公然诈欺之间只有一线之隔，而有太多首席执行官都被逮到在进行这种刻意操作。

关键思维

首席执行官当前的职责，就是要赢回美国的信任，为了这个国家好，这么做非常重要。然而他们如果是靠愚蠢的广告、毫无意义的政策宣传，或是董事会、委员会的结构调整，是不会成功的。首席执行官必须担起管理责任，使其成为日常经营中的一部分，并且把股东当作合伙人而不是傻瓜。首席执行官该为所当为了。

——巴菲特

十三 错误

每个人都会犯错，这是可以预期的。关键在于，要从中学到教训然后继续前进，不要因而灰心丧志。要定期而系统地做事后检讨，并吸取教训。

关键思维

宁可用可以接受的价钱买下一家很棒的公司，也不要用很棒的价钱，买下一家勉强可以接受的公司。

——巴菲特

巴菲特在投资生涯的早期，花很多时间寻找划算的标的。结果他发现，原本看来很棒的交易，最后的绩效往往不佳。在从事投资大约25

年之后，伯克希尔现在致力于避免会造成问题的状况。巴菲特和芒格从经验当中学到，最好不要碰有困难问题尚待解决的生意。他们形容自己现在的方法，是在寻找障碍不高、可以跨越的企业，而不是面临高度障碍、难以克服的公司。

伯克希尔全心奉行的另一项原则就是，该公司只和他们了解、欣赏和信任的对象往来。伯克希尔了解到，优秀骑师骑了良驹一定会有好表现，骑了劣马就不行。

关键思维

我说过很多次，当声誉卓著的管理团队经营一家众人皆知其状况不佳的企业时，企业的声誉将得以丝毫无损。我只希望我不曾那么积极地树立典范。我的行为就像美国女星梅·韦斯特自认的那样："我曾经是白雪公主，只是我改变了。"

——巴菲特

很少有企业懂得从错误中学到教训，这实在很可惜。严重的错误往往会被掩饰，隐藏到台面下，或是让它自然被淡忘。每个人都喜欢大肆宣扬自己的丰功伟业。明智的企业会系统而客观地进行事后检讨，客观检视各项决策，尤其是错误或愚蠢的决策。这种做法应该获得更广泛的重视。

巴菲特和芒格对他们为伯克希尔进行投资所犯下的错误，会坦承不讳。其中多次是以伯克希尔的股票来筹措购并所需资金，结果这些交易却没能为该公司创造价值。这种毫不掩饰的坦率，使伯克希尔的股东对绩效管理的信心不减反增。这点非常值得其他公司参考。坦诚很重要，没有人会期待经理人每次上场打击都可以击出全垒打。

关键思维

对于疏失过度烦恼，是不对的，但是承认疏

失并加以分析，则会很有帮助，虽然各家企业的董事会很少这么做。不明智的决策不是没有受到后续检讨，就是会有人找借口将之合理化。

——巴菲特

当理查·布兰森被问到如何成为百万富翁时，他很快回答说："这真的没有什么，就是先当上亿万富翁，然后买下一家航空公司。"

——理查·康诺斯

十四　投资

明智的投资并不困难，只要正确评估在自己的能力范围内，有哪些事业的价值在未来会有所增长，如此而已。

关键思维

我们的股票投资策略跟 50 年前没有太大区别，正如我们在 1977 年的年报中所提出的：我们挑选有价证券的标准，就像我们在评估要完全收购的生意一样。我们希望这个生意：（A）是我们所了解的，（B）长期前景看好，（C）由适合而诚实的人经营，（D）能够以吸引人的价格取得。

——巴菲特

大多数投资人很可能会发现，要拥有普通股，最好的方法就是购买指数型基金。如果你真的决定要建立自己的投资组合，必须务实看待自己的能力范围。这个范围可能不大，这没关系。只要你知道界限在哪里，保持在界限之内，一切都会很顺利。

关键思维

投资要成功，不需要了解什么是贝塔值、效率市场、现代投资组合理论、选择权定价或新兴市场。事实上，你对这些完全不了解可能还比较好。这当然不是大多数商学院的主流观点，其金融课程主要都是讲授这些主题。然而在我们看来，学习投资的学生只需要学好两门课——如何评估一个生意的价值，以及如何看待市场价格。

——巴菲特

大多数投资人在股价上扬的时候都会兴高采

烈，而在股价下跌的时候则会垂头丧气。只要好好想想就会发现，这其实是非常奇怪的行为。如果你是长期储蓄，并且打算在未来买进更多股票，那么你在股价下跌时应该兴高采烈，因为这表示你的投资标的在未来将会带来更高的报酬。只有在近期要把手上股票脱手的人，才应该担心股价下跌。如果你打算长期投资，股价下跌是好事一件，根本不必害怕。

关键思维

20 世纪 70 年代和 20 世纪 80 年代许多证券和事业的低廉价格，带给我们非常丰厚的报酬。市场对于炒短线的投资客非常不利，而对于长期持有的投资人则十分有利。我们在那几十年所采取的投资行动，近年来（1997 年）已经见到成果，但是我们没有看到太多新的机会。

我们一直觉得，预测股票者唯一的价值，就是让人觉得命理师很厉害。即使到了现在，芒格和我仍然认为，短期市场预测是一种毒药，应该将它锁在安全的地方，不要让儿童及在股市上行为表现幼稚的成年人看到。我们不知道，也从来不曾知道，市场在短期或中期的走势是向上、向下还是持平。我们只是努力做到在其他人大胆抢进的时候警惕谨慎，而在其他人警惕谨慎的时候则大胆抢进。

——巴菲特